STRATORG ET HSC PRESENTENT

HERVÉ SÉRIEYX

JEAN-LUC FALLOU

LA CONFIANCE EN PRATIQUE

Des outils pour agir

MAXIMA
LAURENT DU MESNIL ÉDITEUR

- **Hervé Sérieyx**, conférencier renommé, est le meilleur connaisseur français du monde de l'entreprise. Auteur de plusieurs best-sellers, il est convaincu qu'il faut restaurer la confiance ainsi qu'il l'a écrit en 2009 dans son ouvrage *Confiance, mode d'emploi* (chez le même éditeur). Il s'attache ici aux moyens à mettre en œuvre dans les entreprises sur ce sujet.

- Ancien chef d'entreprises et professeur d'universités, il est actuellement dirigeant de **HSC**.

- **Jean-Luc Fallou**, Mines INSEAD, est Président Directeur Général de Stratorg depuis 1998 après avoir été pendant sept ans Directeur Général d'Arthur D. Little France.

- **Stratorg** est une importante Société de conseil en stratégie et organisation qui travaille sur la question de la confiance depuis plus de 10 ans. C'est dans ce cadre que Jean-Luc Fallou a fondé le **Cercle Raphaël** constitué de dirigeants qui cherchent à développer les outils de la confiance en entreprise.

Les auteurs peuvent être joints à :

herve.serieyx@maxima.fr
jean-luc.fallou@maxima.fr

Infos/nouveautés/catalogue : **www.maxima.fr**

MAXIMA
LAURENT DU MESNIL • EDITEUR

192, bd Saint-Germain, 75007 Paris
Tél. : +33 1 44 39 74 00 – Fax : +33 1 45 48 46 88

ISBN : 978 2 84001 654 0

Table des matières

Avant-propos

Ce livre est le fruit d'une rencontre.
Le livre d'Hervé Sérieyx, *Confiance mode d'emploi*, a suscité un fort intérêt qui a amené l'auteur à rencontrer en France et au Québec de nombreux dirigeants et managers d'entreprises ou du service public, des personnalités du monde politique, des responsables d'associations, de collectivités territoriales ou des systèmes sociaux, éducatifs et hospitaliers.

L'auteur ressort de ces rencontres avec la certitude qu'il faut maintenant donner des outils simples et concrets pour bâtir cette confiance si attendue.

Alors que l'idée de donner une suite à ce livre germe dans son esprit, Hervé Sérieyx rencontre Jean-Luc Fallou, Président de Stratorg.

La rencontre est opportune car, en 2001, celui-ci a lancé avec ses associés un projet sur le développement du management par la confiance.

Il pratique le conseil en stratégie depuis vingt-cinq ans auprès de dirigeants dans une dizaine de pays européens.

Il est inspiré entre autres par les écrits d'Alain Peyrefitte, *Du miracle en économie* et *La Société de confiance*, et convaincu que le discours ambiant sur le « client roi » et l'« actionnaire empereur » serait sérieusement remis en question si l'homme cessait d'être au centre de l'économie et si on ne lui faisait pas confiance.

Des grands dirigeants français – conscients que la confiance ne sera bientôt plus seulement une option pour manager les entreprises ou toute autre organisation, mais un savoir-faire incontournable – acceptent de se lancer dans l'aventure.

Ensemble, ils réfléchissent à la création d'outils simples – management oblige – pour mesurer, bâtir et entretenir la confiance, et rapidement, ils deviennent les cobayes de leur propre expérience. Un mouvement de management est né, il s'appelle le « Cercle Raphaël ».

Constitué pour un an, il va souffler en 2010 sa dixième bougie ; les sept premiers membres ont fait des émules, et le Cercle a doublé de taille en France. Il a désormais un petit frère espagnol et un allemand en gestation. La famille européenne de Raphaël prévoit de s'agrandir au rythme de un par an.

Une bonne vingtaine de projets de management par la confiance ont été menés depuis sa création, les outils se sont frottés aux réalités concrètes, et ont été adaptés. L'expérience a permis de faire le tri entre l'important, l'accessoire et l'inutile pour simplifier et raccourcir ; l'enthousiasme brouillon des débuts a laissé la place au professionnalisme et à la profondeur.

Le succès du livre d'Hervé Sérieyx, *Confiance mode d'emploi*, confirme que le sujet est au centre des préoccupations de bon nombre de dirigeants. La rencontre a stimulé les deux passionnés qui ont décidé de consigner l'essentiel des outils de la confiance dans un livre écrit avec un unique objectif : **préparer chaque dirigeant et chaque manager pour sa navigation vers la nécessaire confiance** ; et en obéissant à la règle cardinale : « Il n'y a pas de place à bord pour la surcharge, il faut aller à l'essentiel ».

Préface
« Nous avons constaté combien ces outils se révèlent efficaces »

Parce que le monde est de plus en plus concurrentiel et incertain ; parce que chacun est mieux formé et informé et de ce fait plus sensible au sens de sa vie professionnelle, nous estimons, en tant que dirigeants et membres du « Cercle Raphaël » que la confiance est un élément clef de la performance humaine et économique.

Ce constat, nous le faisons pour le secteur privé et le secteur public aussi bien que pour l'économie productive et l'économie sociale.

C'est de cette conviction que Jean-Luc Fallou, Président de Stratorg et fondateur du Cercle Raphaël, ainsi que ses associés ont fait depuis 2001 un des axes majeurs de recherche et d'intervention de leur société de conseil.

En 2009, Jean-Luc Fallou fait la connaissance d'Hervé Sérieyx, auteur de nombreux ouvrages sur le management, qui vient de publier *Confiance mode d'emploi*. Cette rencontre les conduit à considérer que le moment est venu de proposer des outils pratiques et opérationnels pour que cette « confiance » indispensable se construise et se renforce.

En tant que membres du Cercle Raphaël, nous appuyons et soutenons cette initiative car nous avons pu constater depuis plusieurs années, dans nos propres organisations, quelles qu'elles soient, combien ces outils se révèlent efficaces ; ils ne sont pas du « jus de crâne », des constructions abstraites mais bien des « how to »,

des approches et des démarches qui ont été mises en œuvre dans des contextes variés avec des résultats outrepassant souvent les attentes.
La « Confiance » est bien, dorénavant au cœur du management.

Le Cercle Raphaël

Le Cercle Raphaël

Jacques Bacardats : Président du Cercle, ancien Président d'Eramet
Jacques Cheylan : Président de OTECI, ex-président d'Aventis Pasteur France
Jean-Philippe Colin : Directeur des achats de Sanofi Aventis
Gérard Deman : Président Directeur Général d'Adisseo
Philippe Demigné : Président Directeur Général de Bertin technologies
Michel Francony : Président d'ERDF
Jacques Hardelay : Directeur Général de STX France (Chantiers de l'Atlantique)
Jean-Yves Gilet : CEO Arcelor Mittal Stainless
Jean-Paul Jainsky : Président directeur général de Sagem Security
Laurence Lucas : Médecin, coach d'entreprise
Guy Lacroix : Président directeur général d'Ineo
Luis Llubia : Président du Cercle Raphaël Espagne
Catherine Mabileau : Directeur des Ressources Humaines de ADP-GSI
Bernard Planchais : DGA de DCNS
Bernard Ramanantsoa : Directeur Général du Groupe HEC

Hervé Sérieyx : Président d'HSC, vice-Président de l'Union des groupements d'Employeurs de France
Jean-Luc Fallou : Fondateur du Cercle, Président de Stratorg

Introduction
De la conviction à l'action

C'est la confiance qui gagne ! Elle représente bien le besoin n° 1 des Français tant elle est absente aujourd'hui au cœur de la société. Que ce soit dans les institutions politiques, économiques, sociales, éducatives, hospitalières, judiciaires, au sein des organisations publiques ou privées, la défiance est omniprésente et nous ressentons tous l'extrême besoin de cette confiance sans laquelle il est impossible de vivre durablement ensemble : besoin de pouvoir faire confiance, besoin de la confiance des autres, besoin de confiance en soi.

Publié en 2009, le livre d'Hérvé Sérieyx[1] a répondu à une attente à ce point forte que l'auteur a dû parcourir la France pour satisfaire les centaines de demandes émanant de collectivités territoriales, de clubs d'entreprises, d'universités, de chambres consulaires, de missions locales, de professions libérales, d'hôpitaux ou encore d'établissements d'éducation. Tous reconnaissaient que l'efficacité des actions qu'ils engageaient pour contrebattre les effets de la crise dépendait du degré de confiance unissant les acteurs sur le terrain. Tous souhaitaient fortifier leurs démarches et réclamaient des outils, des savoir-faire, des approches pragmatiques pour que soit renforcée la confiance entre ces acteurs.

---

1. H. Sérieyx, *Confiance mode d'emploi, Comment restaurer la confiance ?* Maxima, Paris.

En sillonnant la France pour porter son message, l'auteur n'avait pas mesuré à quel point la crise avait aiguisé ce besoin de confiance. Besoin d'autant plus fort que la culture ambiante dans notre pays depuis des décennies est celle de la défiance. Rappelons-nous les conclusions des livres de Cahuc et Algan, ou de ceux de Thomas Philippon et d'Éric Maurin[1] : une France frileuse, renfermée sur ses statuts, ses catégories sociales, la stupide hiérarchie de ses diplômes, de ses castes, de ses corps, une France paralysée devant les oukazes de Paris. Fondés sur plusieurs macroenquêtes mondiales[2], différentes dans leurs origines et leurs propos mais convergentes dans leurs conclusions, les livres de ces auteurs montrent combien s'est creusée, chez nous depuis des années, l'incroyable méfiance réciproque entre dirigeants et dirigés dans le monde du travail et, en général, de chaque citoyen vis-à-vis des autres, des pouvoirs publics et du marché. Parmi les vingt et une principales puissances développées, la WVS classe la France à l'avant-dernier rang pour « la satisfaction du salarié dans son travail », juste avant la Grèce et au dernier rang pour « la liberté de prendre des décisions dans son travail ». Pour l'IMD, nous arrivons au 57e rang sur 60, bonne dernière des pays riches en ce qui concerne les relations sociales dans l'entreprise ; pour le GCR, nous sommes 99^{e}

1. T. Philippon, *Le Capitalisme d'héritier*, La république des idées, 2008.
   É. Maurin, *La Peur du déclassement*, La république des idées, 2009.
   Cahuc et Algan, *La Société de défiance*, Éditions rue d'Ulm, 2008.
2. La World Value Survey (WVS), enquête internationale sur les valeurs et les attitudes des membres de plus de 85 sociétés dans le monde portant sur un large éventail de sujet (politique, économie, religion, rapports hommes/femmes, comportements sexuels...), l'échantillon français comportant 1 615 personnes.
   Le Global Competiveness Report (GCR), enquête menée pour le Forum économique mondial (Davos 2004) dans 100 pays. L'enquête menée par l'IMD de Lausanne dans 60 pays sur la qualité des relations de travail dans l'entreprise (2004).

sur 102 (seuls le Venezuela, le Nigeria et Trinidad font pire) pour la qualité des relations entre employés et employeurs.

Décidément, c'est bien chez nous que la confiance collective manque le plus et donc que l'appétit de son retour est le plus grand ; surtout dans l'après-crise. Comme le rappelle Jean-Paul Fitoussi, dans une société de l'information et de la connaissance, l'économie ne se réduit plus à l'équation : « Capital × Travail = Performance », elle est devenue : « Capital × Travail × Confiance = Performance collective ».

La confiance est devenue une variable « hard », essentielle pour maximiser le résultat de tous.

C'est cette confiance entre les acteurs qui est indispensable à l'efficacité d'une stratégie de territoire. C'est cette confiance entre les collaborateurs qui seule peut rendre efficaces, dans nos entreprises, les nouvelles formes d'organisations par projets, par équipes, par processus, par ERP[1]. C'est la confiance entre des entités semées sur le globe entier qui seule peut rendre compétitives les « entreprises éclatées », celles qui ont externalisé à travers le monde, un grand nombre de leurs fonctions. C'est la confiance qui seule peut donner cohérence, pour des coûts supportables par la collectivité, à des administrations recomposées de plus en plus déconcentrées et décentralisées.

Mais comment faire ? Peut-on véritablement « travailler » sur la confiance ? La fortifier au cœur d'une organisation ? N'est-ce pas une notion à ce point sensible, personnelle, affective qu'aucun outil ne saurait prétendre la renforcer sauf à passer pour un procédé purement manipulatoire, une sorte de démarche pavlovienne dont

1. ERP (Entreprise Ressources Planning) : système de gestion intégrant toutes les informations provenant des différents types de ressources de l'entreprise.

le résultat le plus sûr à terme, serait justement d'accroître la défiance de ceux qu'elle impliquerait ? En effet, la confiance ne se manipule pas. Mais elle peut se construire : il y a des façons de faire et des conditions pour qu'elle émerge et pour qu'elle s'entretienne.

Le présent livre a pour but de proposer une boîte à outils, très fournie, qui aidera les responsables à construire et à fortifier, où qu'ils soient et avec ceux qui voudront les accompagner dans l'aventure, leur « morceau de société » (entreprise, collectivité territoriale, hôpital...) pour que la confiance y revienne. Que cet « îlot » permette aux êtres qui s'y tiennent d'accroître la performance qui le justifie, au sein d'un climat plus humain. Les outils présentés proviennent d'environnements divers : publics, privés, associatifs, culturels, sanitaires, de l'Europe, du continent américain et de l'Asie. Ils ont un point commun : ils sont simples, concrets, et ont déjà prouvé leur efficacité.

Cette boîte à outils est le fruit de la rencontre entre Hervé Sérieyx et Jean-Luc Fallou qui, avec ses associés et collaborateurs, a fait de la Confiance la cible même de son cabinet de conseil Stratorg, inventant pour ses sociétés clientes une multiplicité d'approches créatives afin de retisser ces liens forts et vrais entre les personnes. Liens sans lesquels rien ne se construit de durable dans les organisations humaines.

Pour présenter ces outils, les auteurs ont choisi cette typologie des décisions d'entreprise que privilégiait l'Américain Igor Ansoff[1]. Le *niveau stratégique* (les grands choix), *le niveau opérationnel* (la mise en œuvre) et entre les deux, *le niveau intégratif* (l'organisation, les systèmes de gestion) permettant la traduction des grands choix dans l'action quotidienne.

1. Il fut, dans les années 1980, le « pape » de la *corporate strategy.*

Familier des dirigeants d'entreprise, Jean-Luc Fallou signe les quatre premiers chapitres consacrés aux outils du niveau stratégique. Des outils qui s'adressent plus particulièrement à ceux-ci pour :

- expliquer les fondamentaux, le rôle et l'importance de la confiance ;
- amorcer un processus d'amélioration de la confiance interne ;
- fortifier la confiance avec clients, fournisseurs, entreprises associées ;
- entretenir un climat de confiance avec les partenaires sociaux.

Habitué à travailler avec des managers de terrain, des secteurs privés, public et associatifs, Hervé Sérieyx signe les deux chapitres suivants consacrés aux outils du niveau opérationnel pour :

- rendre le management quotidien porteur de confiance ;
- améliorer nos comportements personnels de managers.

Hervé Sérieyx et Jean-Luc Fallou se partagent chacun l'un des deux chapitres axés sur les outils qui permettent au niveau intégratif d'être porteur de confiance pour :

- rendre l'organisation et les systèmes de gestion vecteurs de confiance ;
- piloter en confiance le changement.

Les deux coauteurs cosignent la quatrième partie de l'ouvrage, qui réunit à la fois quelques conseils de prudence et une incitation forte à l'action.

En fait, toute personne qui a une responsabilité dans une organisation publique ou privée, au sein d'un environnement productif ou associatif, à quelque niveau que ce soit, peut utiliser n'importe quel outil parmi ceux que propose ce livre et y trouver avantage. Certains outils peuvent cependant « parler » plus aux membres d'un comité de direction, d'autres paraître plus adaptés à des managers de terrain, d'autres enfin sembler plus cohérents avec les problématiques liées à la conception de systèmes de gestion ou au pilotage du changement. De même que ce n'est pas le rabot qui fait le meuble mais le menuisier, quel que soit l'outil que l'on décide d'utiliser, c'est la volonté et le talent de celui qui s'en sert qui lui donne sa pleine efficacité. Tout dépend d'abord de la réponse qu'apporte chaque dirigeant ou chaque manager qui voudrait s'en servir : « Croit-il vraiment que la confiance collective soit désormais au cœur de la performance ? ». C'est la *question de confiance*, la première qu'il faille se poser.

Partie I

Confiance et niveau stratégique
Les outils pour les dirigeants

1.
Premiers pas dans la confiance

Comment définir la confiance ?

La confiance est un mot qui revêt des sens variés. Les experts s'accordent à dire que ce mot est polysémique, ce qui signifie que chacun d'entre nous y met des choses différentes. Demandez à quelques amis de vous proposer une définition et vous en obtiendrez une multitude.

Dans le cadre de l'entreprise ou des organisations en général, la définition choisie est la suivante : « L'art d'abaisser les peurs, les inhibitions, la rugosité des relations humaines et d'augmenter le niveau d'engagement au service de la performance ».

Il est clair que la confiance est au service de la performance collective, sachant que cette dernière revêt des aspects différents selon l'organisation.

Le postulat de base : la réalisation humaine et la performance économique se renforcent mutuellement dans une société de confiance alors quelles sont en compétition l'une avec l'autre dans une société de défiance.

Comment construire cette confiance ? En cherchant systématiquement à mesurer en quoi elle est à l'origine de ce cercle vertueux entre réalisation humaine et performance économique.

Pourquoi la confiance est-elle complexe à construire ?

Tout le monde s'accorde à dire que la confiance ne se décrète pas, et c'est vrai. Il n'y a qu'un pas à franchir pour décider qu'elle est un don du ciel : on l'a ou bien on ne l'a pas, et puis c'est tout.

La réalité est différente : la confiance se construit d'autant mieux qu'on en maîtrise les complexités. Il y en a trois :

Première complexité : la confiance touche aux couches les plus profondes et les plus intimes de l'individu.

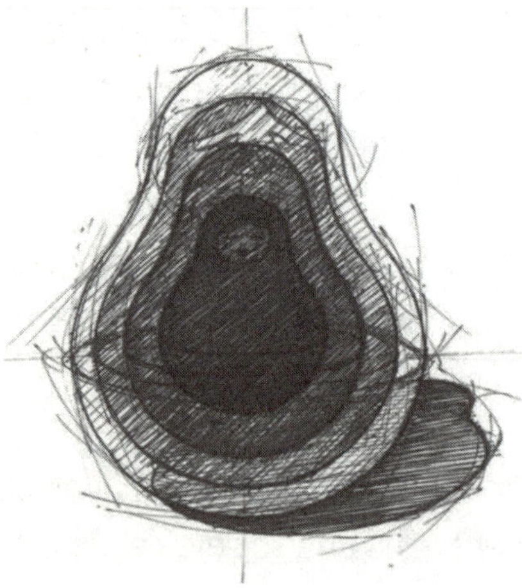

« Ne touchez pas à mon moi ! »
Une réaction classique quand on aborde le thème de la confiance est que les personnes craignent une intrusion dans leur vie personnelle et privée.
Il n'en est évidemment rien, notre démarche sur la confiance aborde les relations dans le cadre professionnel exclusivement.

L'évoquer au sein de l'entreprise suscite des réactions allant d'une méfiance immédiate chez ceux qui y perçoivent des risques de manipulation à un enthousiasme exagéré chez d'autres qui la voient comme une recette magique pouvant résoudre tous les problèmes de l'entreprise.

Le premier travail à faire est de gérer les frustrations et les peurs susceptibles de surgir chez certains, mais également les attentes très fortes qui peuvent apparaître chez d'autres.

Deuxième complexité : la confiance, ce n'est pas tangible et de fait difficilement palpable et quantifiable.

Un défi pour le dirigeant est d'évaluer justement le niveau de confiance au sein de son entreprise. Pour cela, il a besoin d'outils qui vont mesurer non seulement la situation existante au point de départ, mais également les progrès réalisés à chaque étape. Le dirigeant doit pour cela disposer de cartes et d'outils qui vont décrypter et mesurer le chemin parcouru et susciter un dialogue.

Les outils de la confiance sont comme des lunettes de vision de nuit qui permettent d'éclairer ce qui était auparavant dans des zones invisibles.

Troisième complexité : la construction de la confiance exige de la constance. Pour atteindre un niveau de performance exceptionnel par la confiance, il faut accepter d'en prendre le temps sachant que seul un investissement dans la durée permet d'accomplir le travail de transformation en profondeur que cela implique. De plus, pour être efficace, ce travail doit inclure le plus grand nombre au sein de l'entreprise. La confiance ne peut pas se construire seulement autour d'un petit nombre de cadres et de managers. C'est son déploiement sur l'ensemble des strates de l'entreprise qui en garantit l'efficacité.

• Comment chacun peut-il y arriver ?

Il y a une mauvaise nouvelle et... deux bonnes !

La mauvaise : vous ne pouvez pas déléguer à d'autres le soin de construire la confiance.
Elle se transmet, elle se propage, elle se construit, mais elle ne se délègue pas. Alors vous qui êtes un responsable, voilà votre choix : si vous voulez bâtir la confiance dans votre entreprise, institution ou organisation, c'est à vous de lancer le mouvement, c'est vous qui serez exposé, et c'est vous qui en récolterez les fruits.

La confiance, pour votre organisation va être un voyage, une navigation au long cours et vous en serez le skipper. Vous devrez pour cela apprendre à connaître tous les instruments de sa navigation y compris votre façon de manager par la confiance

On ne vous en a pas parlé à l'école communale, ni au lycée ni dans vos études supérieures, et pourtant si vous êtes arrivé à ce niveau dans l'organisation que vous dirigez, c'est que sur votre chemin des hommes ou des femmes vous ont fait confiance, et qu'ils ont su, à leur manière, créer les conditions de la confiance pour entraîner leurs équipes.

Dans tous les cas vous avez construit votre système implicite de référence pour la bâtir, comme pour la détruire d'ailleurs. Vous avez sans aucun doute utilisé des méthodes de management qui sont très favorables à la confiance et d'autres qui le sont moins, vous ne savez pas consciemment lesquelles.

L'objet de ce livre c'est de vous donner les outils pour être un meilleur « skipper de la confiance ». Muni des sextants, boussoles, règles Craft, cartes et fusées de détresse, vous vous sentirez vous-même confiant dans la confiance.

La bonne nouvelle : les outils de la confiance ne sont pas très compliqués à acquérir et maîtriser. Ils ont été présentés à de nombreux dirigeants qui les ont appréciés.

Comme eux, vous penserez sûrement que beaucoup de ce qui est écrit n'est qu'une mise en forme de vos propres intuitions. Tant mieux, vous voyez, la confiance n'est pas loin.

Autre bonne nouvelle : votre passion pour bâtir la confiance fera plus que votre maîtrise des outils. Elle va vous permettre de surmonter les vraies difficultés du « voyage confiance » : apprendre à vous connaître vous-même comme skipper de la confiance ; former vos collaborateurs à la confiance ; accepter que le progrès n'est ni linéaire ni entièrement sous votre contrôle ; réaliser que le temps qui vous fait si souvent défaut est en fait votre plus grand allié.

● ● ●

Faut-il fermer ce livre si on n'est pas dirigeant d'entreprise ? Non, pour deux bonnes raisons.

La première : vous pouvez rendre service à votre patron en lui transmettant ce livre ou quelques morceaux choisis, ceux que vous avez préférés. Deux réactions sont possibles : soit il (ou elle) s'en fiche et ce livre ne changera rien; soit l'intérêt est là mais il (ou elle) considère être déjà naturellement doué(e) pour la confiance, et lui recommander ce livre pourra être mal interprété.

Pourtant en lui signalant que telle situation mentionnée dans cet ouvrage ressemble à ce qui a déjà été vécu dans l'entreprise, ou que tel outil y est déjà utilisé vous entamerez une discussion utile et profitable.

La deuxième raison : vous dirigez ou serez amené à diriger une entité ; et si petite soit-elle, vous comprendrez que c'est vous qui êtes le skipper de la confiance de votre organisation. Bien sûr, vous vous sentirez très limité pour bâtir la confiance dans votre unité si l'environnement est défiant, et il y a sans doute des situations (décrites au chapitre 9) ou les chances de succès sont faibles. Mais elles sont rares, et la défiance n'est pas le pari du futur.

Alors cher « skipper de la confiance », parlons désormais des instruments de navigation !

2.
Des outils pour initier un processus de création de confiance au sein de l'entreprise

La confiance doit se construire autour d'un passage de cap

La confiance n'est pas une fin en soi. Il faut la bâtir surtout quand l'entreprise doit relever un défi, quand elle doit franchir un cap important. Voici des objectifs impliquant un « passage de cap » où la confiance peut être un vrai catalyseur de la transformation :

- favoriser l'initiative au service de la conquête et de la croissance ;
- encourager un climat d'innovation au sein de l'entreprise lorsque l'avance technologique s'affaiblit ;
- promouvoir le travail en équipe et la transversalité dans un groupe cloisonné ;
- réussir une fusion / intégration d'une entreprise ;
- mobiliser les cadres dirigeants et les managers de l'entreprise sur un nouvel enjeu ;
- générer des gains de productivité conséquents dans une situation d'urgence.

Dans chacune de ces situations, la confiance permet de faciliter une transformation profonde, celle qui consiste à travailler sur les comportements et à lever les verrous qui s'opposent au changement.

Pour construire la confiance, il faut la mesurer et organiser le dialogue

La clef pour bâtir la confiance, c'est d'ouvrir le débat sur la confiance. Pour cela, il faut de bons outils de mesure et une organisation du dialogue.
L'objectif n'est pas de mettre à jour une réalité tangible ou observable, mais de saisir une perception, un ressenti.

Par analogie au climat, il ne s'agit pas de mesurer la température et le taux d'humidité de l'air, mais d'évaluer si l'on a chaud ou froid.
La mesure de la confiance et le débat qui s'en suit permettent de bien identifier les lignes de force sur lesquelles l'entreprise peut s'appuyer, mais également les verrous qui risquent de bloquer la transformation.

S'astreindre à prendre une photographie de la confiance sans tabou et sous tous les angles a déjà une vertu : celle de mobiliser les équipes autour du projet commun.

Faire ce constat puis en discuter ensemble facilite le dialogue en utilisant un langage commun et en fournissant des repères compréhensibles par tous.

Pour permettre une mesure pertinente du climat de la confiance et un dialogue fécond, Stratorg a développé le « Six Mâts » de la confiance que le Cercle Raphaël des dirigeants a validé, puis appliqué.

• Pour mesurer la confiance, il faut un outil : le Six Mâts de la confiance

La confiance se mesure au travers de six dimensions et vingt-deux sous-dimensions, elles-mêmes établies autour d'une centaine de critères. Ces dimensions sont détaillées dans les pages qui suivent.

Le « Six Mâts » qui s'inscrit ci-après décrit le climat de confiance.

■ *Le climat de confiance : un concept universel*

Le concept qui sous-tend chacune de ces six dimensions est adapté au monde occidental, et donc praticable pour toute entreprise qui y est présente.
Il a été testé dans différents types de cultures européennes et nord-américaines, et il ressort à la fois que le questionnement y est pertinent dans toutes ces cultures et que les dimensions s'appréhendent bien dans ces différents environnements, même s'il est parfois nécessaire d'en ajuster la définition.

■ *Le mât de la parole*

Il mesure la parole du management et la valeur que lui accordent les employés. Ce sont les fondations de la confiance.

Ce peut être la « parole orale » du chef charismatique, la « parole écrite » émanant d'un comité de direction, le journal interne… dans tous les cas, c'est un repère attendu et valorisé qui donne direction et sens à l'ensemble des employés.

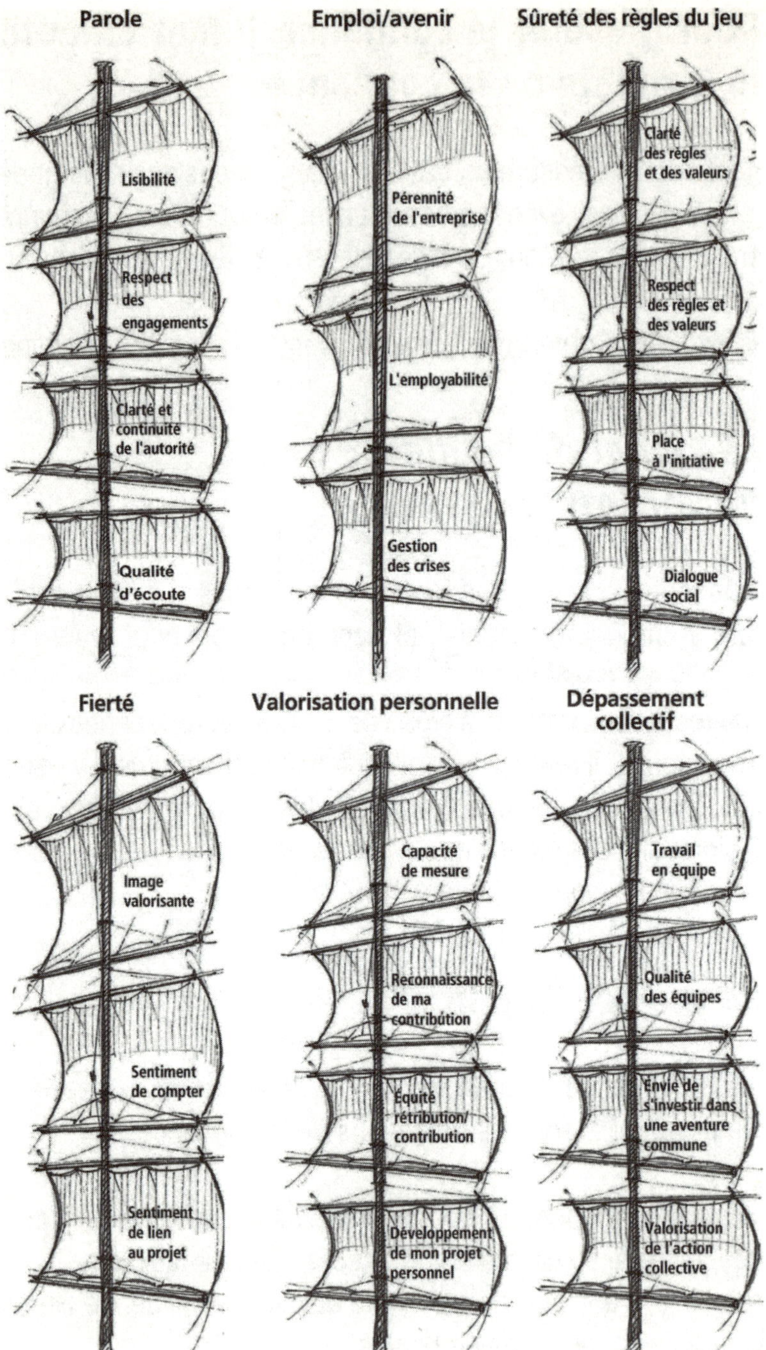
Parole
Lisibilité
Respect des engagements
Clarté et continuité de l'autorité
Qualité d'écoute
Emploi/avenir
Pérennité de l'entreprise
L'employabilité
Gestion des crises
Sûreté des règles du jeu
Clarté des règles et des valeurs
Respect des règles et des valeurs
Place à l'initiative
Dialogue social
Fierté
Image valorisante
Sentiment de compter
Sentiment de lien au projet
Valorisation personnelle
Capacité de mesure
Reconnaissance de ma contribution
Équité rétribution/ contribution
Développement de mon projet personnel
Dépassement collectif
Travail en équipe
Qualité des équipes
Envie de s'investir dans une aventure commune
Valorisation de l'action collective

La parole a un double rôle : celui d'expliquer et celui d'engager.

Pour expliquer, il faut un message clair et lisible ; cohérent avec l'environnement extérieur de l'entreprise (clients, concurrents, partenaires...). Surtout, il doit être décliné à tous les niveaux de l'entreprise, car la parole perd sa lisibilité en traversant les couches de l'organisation et peut être remplacée par l'interprétation, ce qui crée des incohérences, voire des doubles contraintes.

S'il faut aller au sud et au nord en même temps, ne rien faire devient une option logique.

Mais la parole ne peut pas se contenter d'expliquer, elle doit aussi induire l'engagement personnel en échange de l'engagement de l'entreprise. Le respect réciproque des engagements permet de mettre la confiance en marche.

Quelle est la perception du respect des engagements ? Dans telle entreprise, la parole du président a valeur de contrat écrit. L'histoire montre que ce qu'il a dit se réalise, sauf accident de parcours indépendant de sa volonté. Dans telle autre entreprise, cette parole est au mieux une indication ou une bonne base de discussion. En conséquence un processus invisible s'enclenche pour interpréter cette parole et en décrypter les variantes possibles, créant une perte d'énergie massive. La clarté et la continuité de l'autorité sont donc déterminantes pour une bonne transmission de la parole dans toutes les couches de l'entreprise.

Enfin, cette première dimension Parole doit mesurer non seulement la parole descendante mais aussi la parole ascendante. La confiance se crée et se construit non seulement si l'on a entendu et compris les messages descendants, mais aussi si on a le sentiment d'avoir été écouté.

Ainsi, cette première dimension « Parole » évalue la capacité de l'entreprise à libérer les énergies autour d'un discours clair et construit, d'un historique de respect des engagements, d'une capacité d'écoute...

Mots recueillis sur le mât de la parole

Lisibilité et crédibilité de la parole

« La direction sait donner des objectifs engageants parce qu'elle fait le lien entre la vision de long terme et ce qu'on fera lundi matin. »

« La nouvelle organisation et notamment les responsabilités de chacun sont floues. La Direction sait-elle seulement où elle va ? »

Respect des engagements

« Respecter ses engagements, c'est une seconde nature. Quiconque ne le fait pas se met aussitôt hors jeu. »

« Chez nous, une directive est une bonne base de discussion. »

Clarté et continuité de l'autorité

« La cascade d'informations se passe bien. On peut compter sur le management pour passer des messages. »

« On a l'impression d'un Comex omnipotent, qui sait tout et dirige tout : le management intermédiaire n'est ni impliqué ni informé. »

Qualité d'écoute

« Il a suffi d'un signal négatif pour que la Direction Générale se mobilise et fasse des road shows ; c'est très efficace. »

« Il y a un fort décalage entre la vision donnée par la direction et ce que chacun croit possible. »

« Le management se remet très faiblement en cause ; les dirigeants sont trop arrogants et le système de castes renforce le côté "je ne me trompe jamais". »

« La diffusion de l'information est un levier essentiel pour renforcer l'engagement tant affectif que moral des individus. »

■ *Le mât de l'emploi/Avenir*

Le deuxième mât mesure la confiance en un avenir prometteur.

Il y a bien sûr une forte composante personnelle dans cette perception, mais l'objet de cette deuxième dimension est de détecter les éléments communs à l'entreprise :

- ✔ la solidité perçue de l'activité, de l'entreprise, sa capacité à s'adapter au monde environnant. Sur ce sujet on peut trouver des réponses bien différentes au sein de la même entreprise : pour certains l'activité est un facteur positif, de dynamisme ; pour d'autres le risque d'une OPA est une crainte qui fait perdre le bénéfice de la bonne activité. Ce n'est donc pas seulement la perception de pérennité du métier qui est mesurée ici, mais celle d'une activité dont l'entreprise peut toujours choisir de se séparer. La possibilité d'une cession de l'activité a en effet un impact sur la confiance, qui peut être positif comme négatif ;
- ✔ la perception de la capacité de l'entreprise à développer les compétences qui assurent sa compétitivité future mais aussi celles qui permettent à chacun de se sentir « employable » sur le marché du travail. La question du maintien et du développement des compétences devient de plus en plus un élément essentiel, car la confiance dans l'entreprise commence par la confiance née de la certitude de sa propre valeur économique. L'invitation à inscrire la GPEC dans le dialogue social en est une manifestation claire ;
- ✔ son historique de gestion des crises : les crises sociales de l'entreprise sont génératrices d'inquiétude et de trouble à l'instant où elles sont annoncées, mais elles ne sont pas nécessairement destructrices de confiance si elles sont gérées efficacement. La mauvaise gestion des crises reste longtemps gravée dans les mémoires, y compris de ceux qui ne les ont pas directement vécues.

Elle crée alors un handicap de confiance qui peut perdurer longtemps. *A contrario*, certaines entreprises ont su gérer des réductions d'emploi à répétition et maintenir dans le même temps la confiance de ceux qui sont restés (par exemple, dans la sidérurgie).

Mots recueillis sur le mât de l'emploi/avenir

Pérennité de l'entreprise

« Nous n'avons aucune inquiétude sur la pérennité du groupe, mais notre activité n'est pas jugée stratégique. Dans deux ans, nous serons ailleurs, et nous y sommes prêts. »

« Sans la fusion, nous aurions coulé. Adossés au groupe, nous sommes mieux placés pour résister aux difficultés. »

Employabilité

« Chacun peut saisir s'il le veut des opportunités de réaliser de nombreuses choses, et apprendre tous les jours. »

« Cela fait 5 ans que je fais la même chose, et dans 5 ans mon métier sera obsolète. Je deviens quoi dans tout ça ? »

Gestion des crises

« Une fois dans la crise, la Direction se montre extrêmement efficace. Nous le savons. Dommage qu'elle ne les anticipe pas plus. »

« Le traitement des cas d'échecs individuels est mal géré par les managers ; les RH arrivent alors en pompiers. »

■ *Le mât de la sûreté des règles du jeu*

Ce mât mesure la lisibilité du fonctionnement de l'organisation.

Tout employé nouvellement arrivé dans une entreprise cherche inconsciemment à savoir ce qui se fait, ce qui peut se dire, ce qui est au contraire mal vu, dangereux, tabou, voire interdit. Il n'y a pas de mouvement possible sans repérage préalable du terrain.
Chacun va donc établir progressivement sa « carte mentale » des règles du jeu dans l'entreprise. Elles peuvent être écrites ou implicites, mais les employés sont plus sensibles à leur fiabilité qu'à leur formalisation.
Nous sommes tous naturellement enclins à détecter les contradictions qui existent dans les règles, ainsi que les incohérences entre les directives et la pratique.
Par exemple, lorsqu'une société met en place une systématique de gestion par projet, chacun va mesurer la réelle capacité du chef de projet à prendre des dispositions transversales qui peuvent contredire les habitudes de préservation de territoire bien établies. Si le chef de projet est désavoué, l'organisation par projet se limitera à une incantation.
De tout cela, chacun fait sa propre synthèse inconsciente et se comporte en conséquence : facilement engagé dans l'action si les règles sont sûres, beaucoup plus préoccupé de bâtir des systèmes de protection sinon. Une société de confiance réduit considérablement le temps passé à élaborer ces mécanismes de défense.
La place réellement accordée à l'initiative et son corollaire, la tolérance à l'erreur, sont des indicateurs clefs de la sûreté des règles du jeu.
De très nombreuses directions d'entreprises font une promotion active de l'initiative, souvent avec une grande sincérité. Nombreuses sont celles qui sont déçues, car tout écart perçu, entre les directives

affirmées et les règles du jeu invisibles, freinera l'initiative de façon considérable.

Enfin, un dialogue social de qualité participe du climat de confiance interne à l'entreprise. Lorsqu'il est véritable et établi autour des enjeux et objectifs de l'entreprise, il peut contribuer à en assurer une meilleure diffusion et une meilleure compréhension, et ainsi en favoriser l'appropriation par le collectif des employés.

Dans ce contexte, le dialogue social est un canal d'information, à la fois ascendant et descendant, complémentaire du canal du Management.

Un dialogue social riche et constructif peut aller jusqu'à induire des ajustements des règles du jeu elles-mêmes, pour tenir compte d'attentes fondamentales ou de propositions portées par le collectif des salariés et leur représentants. On conçoit alors la légitimité naturelle de telles règles du jeu.

Mots recueillis sur le mât de la sûreté des règles du jeu

Clarté des règles et des valeurs

« Il y a peu de règles, peu de méthodes formalisées. Les règles sont changeantes, liées aux managers qui les ont créées en fonction de leurs besoins, ce qui déstabilise beaucoup de personnes. »

« Les valeurs de l'entreprise sont placardées sur tous les murs. Mais que représentent-elles vraiment pour les salariés ? »

Respect des règles et des valeurs

« Chez nous, le respect des procédures est sacré ! »

« Il n'y a pas de règle. Et pourtant, qu'est-ce qu'on les respecte ! »

Place à l'initiative

« On parle beaucoup de la prise d'initiative, mais franchement, entre nous : en prendre est la dernière des erreurs. »

« Il y a une belle place pour l'initiative, mais il y a aussi des moments où on se fait un peu peur ! »

Dialogue social

« Dialogue ? Parlons plutôt d'une information sociale que nous recevons conformément à la Loi. »

« On progresse. L'avenir de l'entreprise fait maintenant partie des sujets abordés et honnêtement discutés. »

Le mât de la fierté

Ce mât mesure la fierté d'appartenance à l'entreprise.

Lors de dîners entre amis, il est intéressant de noter la propension de certains à chercher naturellement à s'exprimer sur leur travail ou leur entreprise, alors que d'autres cherchent à éviter ces sujets.
Le caractère de chacun y est certainement pour beaucoup, mais on remarque que la fierté d'appartenance à une entreprise est source d'expression : on doit la partager, on ne peut pas la garder pour soi. La fierté est positivement « contaminante » et permet donc de propager la confiance.
De plus, la fierté est durable et c'est un élément de rebond quand les autres dimensions de la confiance ont été fortement bousculées (par exemple après une fusion difficile). Chacun veut retrouver le lustre du passé, souvent un peu amplifié pour que l'histoire soit plus belle.
Après les trois premières dimensions fondatrices, la dimension fierté apparaît donc comme une dimension d'expansion.
Son repérage se construit d'abord autour de l'image que chacun se fait de l'entreprise, de l'image qu'elle renvoie dans les yeux du

public. Le prestige de l'entreprise construit le prestige de ses employés, et très naturellement le corps social cherche à le maintenir. Ce prestige revêt des formes très diverses (techniques, commerciales, entrepreneuriales, noble cause...) mais se révèle dans tous les cas un moteur très fort de motivation.

La fierté perçue dépend aussi du sentiment que chacun a de compter dans la marche de l'entreprise. Certaines entreprises de taille pourtant gigantesque s'avèrent particulièrement douées pour donner à chacun le sentiment d'être absolument indispensable, et en aucun cas un simple numéro fondu dans un ensemble. Ce sentiment correspond à l'impression que chacun a de se façonner un destin, et non de le subir.

Enfin, la fierté dépend de l'idée qu'on se fait de la participation au projet de l'entreprise. Le futur de l'entreprise doit être une représentation dans laquelle chacun non seulement se sent acteur, mais il sait qu'il lui revient d'écrire une partie du scénario.

Attention cependant : si la fierté constitue un moteur puissant de motivation et d'engagement, elle est tout autant un facteur de résistance aux transformations de l'entreprise qui peuvent l'altérer. Fusionner deux entreprises dont les employés sont particulièrement fiers représente un défi incontestable pour le management.

Mots recueillis sur le mât de la fierté

Image valorisante

« C'est une sacrée boîte et je ne vois pas pourquoi je n'en parlerais pas. »

« Le groupe ? Quel groupe ? Mais personne ne le connaît ! Heureusement, les marques qui le composent sont un minimum connues. »

Sentiment de compter

« On a l'impression d'être la cinquième roue du carrosse lorsqu'on n'est pas au marketing. »

« J'ai l'impression que si je n'étais pas là, tout s'arrêterait. Mais je ne suis peut-être pas réaliste. »

Sentiment de lien au projet

« J'ai le sentiment de vivre une belle aventure. Pourvu que ça dure ! »

« Moi, je fais mon travail de tous les jours. Demain est un autre jour. »

« En investissant de manière continue dans le développement des compétences de nos salariés et en les faisant participer davantage à la prise de décision, nous avons clairement relevé le niveau d'engagement des salariés, et le niveau de performance de l'entreprise. »

Le mât de la valorisation personnelle

Ce mât mesure la valorisation personnelle qui est une dimension évidente de la confiance, et pourtant n'a pas la priorité.

En effet, l'effort mis dans les systèmes de valorisation personnelle est d'autant mieux investi que les fondamentaux de la confiance (à savoir la parole, la relation à l'avenir et la sûreté des règles du jeu) sont mieux assurés.
On ne crée donc pas un climat de confiance en travaillant la dimension de la valorisation individuelle si les fondamentaux des trois premières dimensions ne sont pas là, ce qui est pourtant un réflexe fréquemment observé.
On retrouve ici sûrement les enseignements de Maslow, qui affirme que le besoin de reconnaissance vient seulement après que les

besoins de sécurité et de repérage dans le groupe sont satisfaits. Dans cette dimension de la valorisation personnelle interviennent quatre éléments :

- la qualité de la mesure : la confiance ne peut s'établir que si les systèmes et méthodes de mesure de la performance individuelle sont totalement acceptés par les intéressés ;
- la reconnaissance de la contribution : ce critère réunit de façon subjective tous les facteurs de reconnaissance (rémunération, promotion, signes quotidiens de reconnaissance…) ;
- l'équité des systèmes de rémunération : cette dimension vise à évaluer l'équité perçue par les employés de leur rémunération, en comparaison avec leurs collègues ou le marché extérieur. Cette dimension met souvent en exergue le facteur profondément destructeur de confiance qu'est l'absence de lisibilité et de transparence sur le sujet des rémunérations.
- la prise en compte du projet personnel : cette dimension mesure la perception par l'employé de l'intérêt que la société porte à son développement personnel, à sa projection dans le futur, à son développement de carrière, à ses besoins de formation.

La dimension « valorisation personnelle » dans son ensemble ne doit toutefois pas être travaillée sans prendre en compte le dépassement collectif. Jusqu'où la valorisation individuelle doit-elle aller pour ne pas limiter la libération d'énergie collective (en particulier autour des équipes) ?
Certaines entreprises étudiées ont réussi à établir des climats de confiance élevés malgré une faiblesse sur la dimension valorisation personnelle. Dans ces entreprises, le groupe prime généralement sur l'individu. Ceci crée une culture efficace pour mener par exemple de grandes transformations, mais plus limitée pour développer l'initiative locale.

Mots recueillis sur le mât de la valorisation personnelle

Capacité de mesure

« On est passé récemment d'une structure hiérarchique à une structure matricielle, mais le processus d'évaluation n'a pas été adapté. Résultat : mon chef de projet, avec qui je travaille tous les jours, n'a même pas voix au chapitre. »

« Depuis 2 ans, les managers ont été formés à l'entretien individuel, qui ne leur était pas naturel. Même si les outils n'ont pas changé et restent impersonnels, l'effort a été payant. »

Reconnaissance de ma contribution

« Nos grands dirigeants sont sûrement très intelligents mais incapables de prononcer les mots "bravo" ou "merci". On dirait que ça les écorche. »

« J'ai énormément bossé, parfois aux dépens de ma vie personnelle, mais j'ai eu ce que je voulais en retour. »

Équité rétribution/ contribution

« Bien sûr, on voudrait tous 35 % de plus, mais in fine l'effort de transparence et de comparaison a montré que le système est globalement équitable. »

« Le système est trop peu différenciant : faute de courage, les dirigeants ont voté pour le confort ! »

Développement de mon projet personnel

« La mobilité est encouragée et le chef peut très difficilement la refuser. C'est très important pour nous, car cela nous rassure de savoir que si notre poste est supprimé, il y en a un autre dans le groupe. »

« Oui, nous avons des discussions sur nos évaluations, mais elles sont totalement contredites par les faits. Sur ce sujet-là, nous ne sommes plus crédibles. »

■ *Le mât du dépassement collectif*

Ce mât mesure l'engagement collectif.

Le rêve de nombreux dirigeants est de bâtir une forte confiance collective donnant à l'ensemble du corps social la certitude qu'il est apte à relever tous les défis.

Développer le sentiment que « rien ne nous est impossible » en tâchant d'éviter de verser dans l'arrogance qui fait perdre la lucidité est sans doute un des accomplissements majeurs de la confiance quand elle atteint des niveaux très élevés.

Cette sixième dimension du climat de confiance mesure précisément la capacité de l'organisation à inviter à ce développement collectif.

Très naturellement, dans cette dimension, on cherchera à appréhender la propension de l'entreprise à développer et valoriser le travail d'équipe. Ainsi, le premier critère est une mesure de l'aptitude naturelle de l'organisation à rechercher la performance par le travail d'équipe. Mais il ne faut pas ici se payer de mots : le travail d'équipe est une exigence de résultat, de coresponsabilité et d'apprentissage des autres qu'il ne faut pas confondre avec une simple propension à travailler ensemble. La dimension qualité des équipes mesure précisément la capacité de l'entreprise à créer la culture et les conditions managériales pour que se développent des équipes performantes autour des hommes et des femmes de l'entreprise. La qualité des équipes ne signifie pas disposer d'équipes de qualité, mais tirer le maximum des capacités individuelles des équipiers.

Une équipe doit d'abord porter une ambition, et cette ambition doit être l'expression d'un désir, pas seulement d'une nécessaire rationalité. Ce désir d'atteindre un résultat d'équipe sera d'autant plus facile que les employés auront envie de s'investir dans une aventure commune.

Enfin, le dépassement collectif, « supplément d'appétit pour atteindre ensemble des buts élevés », ne sera durable que si l'action collective est valorisée. La valorisation collective est complexe parce qu'elle ne peut pas être traitée simplement avec un chèque, mais beaucoup plus par des schémas de reconnaissance qui doivent correspondre à la culture de l'entreprise et donc son contrat invisible® qui recèle toutes les règles non-dites de reconnaissance des employés.

Mots recueillis sur le mât du dépassement collectif

Travail en équipe

« Dans le groupe, le travail en équipe est un sacerdoce quasi cistercien ; vous pouvez faire grimper l'Éverest à une petite équipe fédérée même si elle n'est pas équipée pour. »

« Tant que le management passera son temps à demander des comptes aux équipes sans en respecter les chefs, il n'y aura pas d'équipe. La mesure paranoïaque et comptable de la performance individuelle a tué tous les espoirs de performance d'équipe. »

Qualité des équipes

« Notre référence constante, c'est la coupe du Monde 98. Divas s'abstenir, et penser à faire la passe avant de vouloir marquer. »

« Il y a encore trop d'individualisme, de héros. Le problème avec le héros, c'est qu'il est indispensable et qu'on est pris en otage lorsqu'il n'est plus là. Et quand il y a un héros, il n'y a pas d'équipe. »

Envie de s'investir dans une aventure commune

« Aventure ? Commune ? Il faudrait déjà qu'on nous donne envie d'avoir envie. »

« C'est notre drogue et notre risque. Nous sommes incapables de faire les choses si nous ne sentons pas qu'il y a un défi un peu impossible à relever, que nous transformons en aventure pour tous. Gare au management qui ne saurait plus nous donner notre adrénaline quotidienne ! »

Valorisation de l'action collective

« Le Président a bien compris l'importance capitale de la reconnaissance collective. Il sait être présent dans les succès mais aussi pour nous aider à rebondir en cas d'échec. C'est vrai, ça fait parfois un peu patronage mais ça compte beaucoup. »

« Nous sommes des handicapés de la reconnaissance collective ! Quand une équipe réussit l'impossible, dans le meilleur des cas, personne ne le sait, dans le pire des cas, on a l'impression que tout le monde s'en fout. »

Interprétation du climat de confiance dans quatre exemples d'entreprises

La mesure de la confiance doit faire l'objet d'une interprétation. Elle se fait entre le consultant et les équipes de travail internes, en utilisant parfois le référentiel d'autres entreprises. Il ne s'agit pas de se comparer mais de comprendre, à partir de situations classiques, comment interpréter les spécificités du climat de confiance de l'entreprise. Stratorg dispose d'un référentiel de plus d'une vingtaine de cas particuliers issus d'entreprises de cultures et pays variés.
Cette interprétation est en soi une mobilisation des participants au projet. Ce référentiel permet une analyse fine de l'état de la confiance de l'entreprise et chacun est en mesure de proposer des axes de progrès à fort levier, c'est-à-dire ceux qui vont apporter le maximum

d'impact et de dynamique pour un niveau d'efforts limité. La mesure réalisée servira de référentiel pour mesurer les progrès dans le temps, avec une périodicité recommandée de 2 ans.

Nous présentons ci-après quatre exemples de situations classiques d'entreprises et leur climat de confiance.

L'accumulation d'analyses de cas réels permet déjà de dégager des typologies de climat de confiance dans l'entreprise.

Cependant l'analyse du climat de confiance seule ne permet pas d'arriver à la conclusion, et elle doit être complétée par l'étude du contrat invisible® (*cf.* chap. 8).

■ *Entreprise 1 : « la confiance béate dans l'avenir de l'entreprise, un dangereux somnifère »*

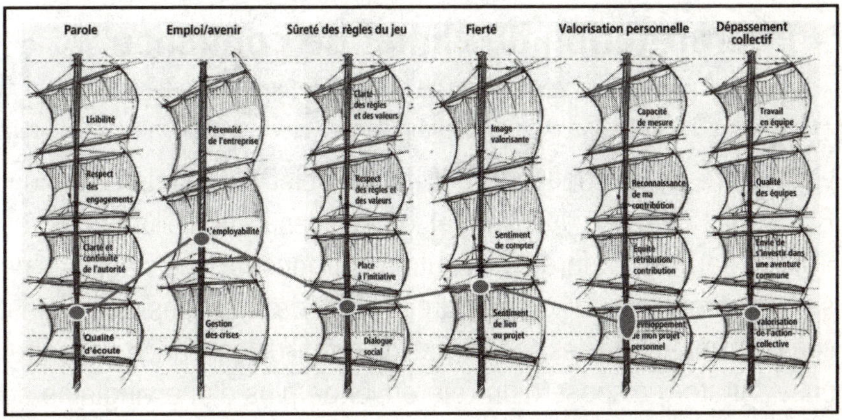

En dépit des bons résultats comptables de cette entreprise, son Président sentait un déficit de mobilisation face aux défis de l'avenir. L'analyse lui a donné raison : la courbe est régulière mais à un niveau médiocre.

Seule se dégage la dimension relation à l'avenir.

Pour cette entreprise, la vie semble simple : des produits nécessaires, une demande inextinguible, peu de concurrents...

Les managers et les salariés ont une foi béate dans l'avenir, et chacun trouve son compte dans un environnement sans grande exigence.

La confiance paraît être là mais c'est en fait de fiabilité économique qu' il s'agit. Ici, la confiance n'est pas une construction, elle va de soi. Et malgré ses atouts naturels, la performance de l'entreprise est évidemment assez médiocre.

C'est un danger pour l'entreprise, aveugle aux bouleversements de son environnement (concurrents, technologies) qui peuvent menacer son avenir.

Cette situation est difficile à transformer, et il est souhaitable pour cette société qu'une secousse « juste ce qu'il faut » vienne la remettre en question dans sa certitude.

Recommandation :

Les dirigeants de cette entreprise gagneront sûrement beaucoup à impliquer les cadres dans une réflexion stratégique qui permettra de mettre en évidence que l'avenir ne va pas de soi, afin de donner un sens à la mobilisation.

■ *Entreprise 2 : « Le socle de la confiance est là ; mais sans dépassement collectif, la surperformance n'est pas activée »*

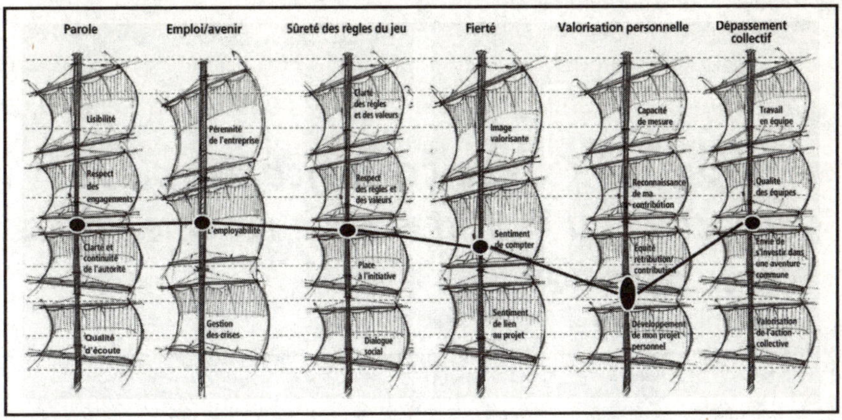

Dans cette entreprise, le Président sent que le turbo n'est pas en marche, et il en vient à conclure que peut-être même une forme de méfiance s'est installée.

En réalité, le problème n'est pas si grave car les bases de la confiance sont là : les quatre premières dimensions de la confiance sont bonnes. La direction s'exprime efficacement sur les directions du futur, les cadres croient en leurs compétences pour assurer un avenir, les règles du jeu sont celles d'une société de professionnels honnêtes et droits, l'entreprise est fière de son passé, de sa maîtrise technologique, de son savoir-faire.

Mais la valorisation personnelle et surtout le sens du défi commun sont trop faibles. Le défi commun reste un exercice scolaire, une représentation froide du futur, un gosplan sans chaleur ni motricité.

Ce que le Président, rassuré, doit encore faire, c'est de donner du sens au futur pour que le moteur d'ambition et d'avenir se déclenche.

Recommandation :

Mettre de l'appétit et du défi sur un socle de confiance sain n'est finalement pas le bout du monde ; il suffit juste d'autoriser les gens à se projeter dans le futur qu'ils souhaitent, et pas seulement l'intellectualiser à leur place, pour provoquer un mouvement d'entraînement.

■ *Entreprise 3 : « La confiance est plus collective qu'individuelle : c'est une armée de soldats dévoués »*

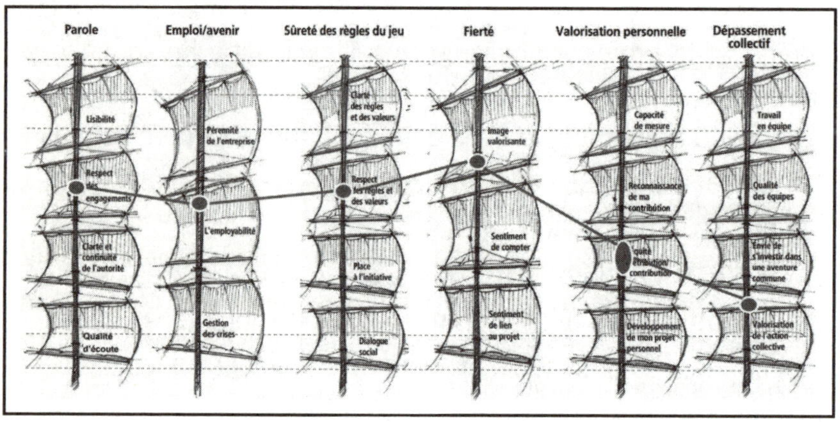

« Mais comment donc redevenir des entrepreneurs ? » Voilà la question qui hante le management de cette entreprise, inquiet que celle-ci, habituée aux restructurations et aux réductions de coûts, ne puisse saisir les nouvelles opportunités de croissance qui se présentent à elle.

La courbe est à un niveau plutôt élevé mais avec un accident : la valorisation personnelle est à un niveau très faible. L'entreprise secrète un climat de confiance qui rend l'engagement collectif facile ;

on y est prêt à relever des grands défis qui demandent que tout le monde se mette en mouvement ensemble.

Mais l'individu n'est pas réellement valorisé. À la surface des choses, les entretiens annuels d'évaluation se font avec la régularité nécessaire et même selon un « algorithme » très structuré, caractéristique de cette société de culture d'ingénieurs.

En réalité, la reconnaissance est absente. Absente dans sa partie simple et humaine, le compliment, le remerciement, mais aussi dans son volet économique, car le calcul du bonus s'avère complexe et sans lien visible avec l'effort consenti.

On sait bien dans cette entreprise que la souffrance est le début de la gloire et que la reconnaissance verbale est perçue comme une faiblesse.

Mais on se retrouve si bien dans le collectif en marche, la camaraderie et le professionnalisme que l'implication personnelle est naturelle.

Recommandation :

Tout le travail ici va viser à libérer l'initiative. La méthode retenue consiste à demander à chacun d'imaginer ce qu'eût été le passé récent avec, non pas un droit mais un devoir d'initiative, ce qui permet de libérer naturellement par un effet domino la capacité d'initiative.

■ *Entreprise 4 : « La confiance a disparu dès le lendemain de la fusion »*

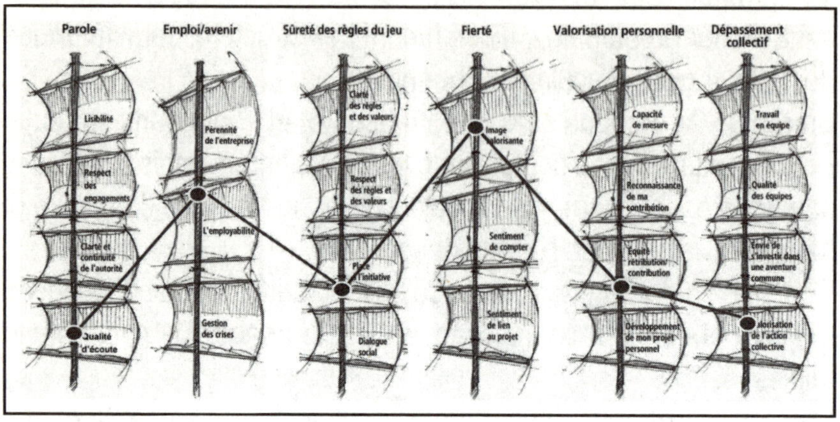

La courbe présente un niveau général assez délabré, avec toutefois deux dimensions fortes : la relation à l'avenir et la fierté.

Cette mesure a été réalisée peu de temps après la fusion entre une société A de culture et tradition familiale et une société B de culture procédurale. La mesure est faite du côté d'employés issus de société A.

La dimension Parole est basse et traduit une grande déception : la parole se déclinait auparavant oralement, le chef de famille charismatique et respecté sachant voir chacun de ses cadres et expliquer.

Ce mode, sûrement perçu comme chaotique et décousu par les employés de la société B, remplissait jusqu'alors parfaitement le besoin de repères des hommes et des femmes. Désormais, la parole est déclinée par des mémorandums, des procédures et des feuilles de route écrites. Cette parole désincarnée laisse les salariés de la société A dans un grand vide vite rempli de fantasmes, d'inquiétudes et de rumeurs.

Les règles du jeu auparavant très claires, quoique implicites et non écrites, sont remplacées par des procédures imposées par la fusion. Faute de se retrouver dans des écrits qu'ils trouvent complexes et parfois contradictoires les cadres sont rentrés dans une logique d'attentisme ou de protection. La perte d'énergie est perceptible. Fort heureusement, l'avenir est rose, les marchés sont là et le niveau de fierté reste extrêmement élevé dans cette société de haut niveau technologique.

Recommandation :

C'est autour de cette fierté du métier et des technologies que la nouvelle société fusionnée pourra facilement se reconstruire, dès lors que chacun aura appris à voir le monde avec les lunettes de l'autre. Un nouveau sommet à atteindre sera la chose la plus efficace pour unir les sociétés A et B et obtenir la reconnaissance mutuelle d'hommes qui ont toutes les raisons de s'apprécier et de vouloir travailler ensemble, en acceptant que la mécanique procédurale souffre d'imperfections pendant un temps.

3.
La confiance avec les clients et fournisseurs

● Pourquoi est-il fondamental de construire cette confiance ?

■ *Parce que les bénéfices sont élevés*

✔ La confiance (ou son absence) affecte directement la performance de la relation client-fournisseur, et donc de toute l'entreprise. À titre d'illustration, une récente étude de la Warwick Business School a démontré que les contrats de sous-traitance fondés sur la confiance plutôt que sur des accords classiques incluant des systèmes de pénalités, génèrent des dividendes additionnels pour les deux parties, qui représentent 40 % de la valeur totale du contrat.

✔ La confiance stimule le progrès. Quand son niveau est élevé, les transactions sont plus rapides et moins coûteuses. La confiance améliore la communication, la coopération, l'exécution, et l'engagement des acteurs de la relation.

✔ Elle renforce les possibilités de remise en cause, l'espace de créativité et d'innovation et les marges de manœuvre de chaque partie au service de la performance de la relation.

✔ Enfin, une confiance renforcée avec un partenaire rend possible la mise en place de partenariats stratégiques sur le long terme et constitue un avantage déterminant sur les concurrents.

■ Parce que miser sur la confiance est un signal fort à envoyer à l'autre partie

Lancer une telle approche répond souvent à une attente forte des acteurs de la relation, qui font part du sentiment répandu qu'on « ne peut plus continuer comme cela » et de leur appétit pour davantage de sens et de dynamisme dans leur relation commerciale.

Vouloir établir la confiance avec un client ou un fournisseur est donc un signal fort envoyé à l'autre partie, qui vise à susciter un abaissement des peurs et des mécanismes défensifs. C'est une démarche de changement profond qui conduit progressivement à vaincre les résistances et à développer chez chacune des parties la volonté de s'engager et de construire ensemble.

Loin de présenter une réalité « politiquement correcte » en taisant les éventuels points d'opposition (zones de concurrence, intérêts divergents des deux parties, enjeux de progrès, négociations en cours...), la démarche vise à aborder les vrais sujets de manière transparente, y compris ceux qui peuvent déranger. Évoquer de manière dépassionnée les « cadavres restés dans les placards », qui se transmettent parfois de génération en génération – miracle de la mémoire collective – est même un prérequis pour construire l'avenir sur des bases saines et mettre en place des schémas vertueux.

■ *Parce que lancer la démarche est déjà initiateur de confiance*

Contrairement à des audits de qualité souvent perçus comme intrusifs, et qui déclenchent des réflexes de protection et de non-dit, les démarches menées ont toujours été très favorablement accueillies, que le déclencheur d'une telle initiative soit un fournisseur désireux d'améliorer sa relation avec un client clef ou un client proposant à son ou ses fournisseurs de progresser dans la qualité de leur relation.

● Comment construire la confiance avec les clients et fournisseurs ?

■ *Un cheminement en cinq étapes*

La confiance ne se décrète pas, bien sûr, mais elle se construit.

Il n'y a certes pas de « remède miracle » pour enrayer immédiatement les effets néfastes d'une défiance accumulée depuis longtemps.

Nous avons pu observer lors de nombreuses missions réalisées dans ce domaine, qu'il est possible de bâtir et renforcer la confiance entre un client et son fournisseur selon le cheminement ci-après (voir figure page suivante).

Les deux premières étapes de ce processus sont développées ci-après.

La troisième sera décrite par un exemple.

Les deux dernières étapes s'inscrivent naturellement à la suite des trois premières, sans outillage particulier.

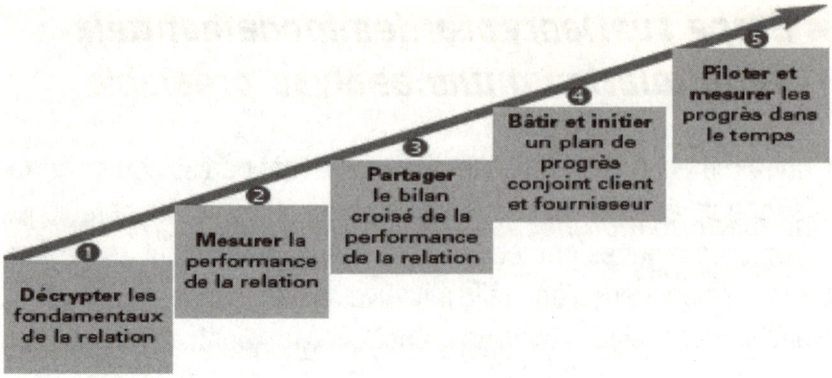

Cette démarche a permis a des entreprises de :

- développer de nouvelles activités chez un client clef ;
- sortir d'une situation de conflit par le haut en restaurant la confiance ;
- stimuler la co-innovation avec ses partenaires ;
- déployer un programme d'amélioration de la performance de la relation auprès de comptes clefs ;
- bâtir un partenariat stratégique ;
- améliorer l'image de marque et la réputation d'une entreprise auprès de ses clients ;
- monter des groupements gagnants entre partenaires.

■ Étape 1 : Décrypter les fondamentaux de la relation : une analyse préalable indispensable

Une identification nécessaire des clients ou fournisseurs « stratégiques »

Pour être rentables, les efforts doivent prioritairement porter sur les partenaires « stratégiques ». Ils sont identifiés par un travail de cartographie fine des achats, et peuvent être considérés comme stratégiques en fonction :

- des volumes en jeu ;
- du potentiel de développement à la hausse ou à la baisse ;
- de la spécificité ou criticité des fournitures ;
- de leur positionnement vis-à-vis du partenaire (multi-casquettes client, fournisseur, partenaire et/ou concurrent…) ;
- de leur positionnement sur le marché (situation mono ou oligo polistique…).

La toile des relations : une analyse préalable indispensable

La démarche est volontairement participative et bilatérale. Elle s'appuie en grande partie sur des entretiens individuels avec des acteurs clefs de la relation chez le client et chez le fournisseur. Le succès de ce type de démarches repose largement sur le choix des personnes interviewées.
La première étape vise à constituer un panel équilibré et représentatif de personnes à interviewer (généralement, d'une dizaine à une cinquantaine de part et d'autre, en fonction des enjeux et du nombre de *business units*, sites et acteurs de la relation impliqués).

Pour renforcer l'efficacité de la démarche, il est essentiel de ne pas limiter le champ des entretiens aux fonctions commerciales et achats mais d'appréhender la relation dans son ensemble en veillant à mobiliser l'ensemble des interlocuteurs clefs « impliqués de près ou de loin » dans la relation client-fournisseur : Directions Générales, Stratégie, Achats, R&D, Qualité, Finance, Commerciale, Juridique, mais également les opérationnels utilisateurs ou prescripteurs des produits ou services achetés.

Cette « toile relationnelle » qui relie deux entreprises est illustrée par le schéma ci-après :

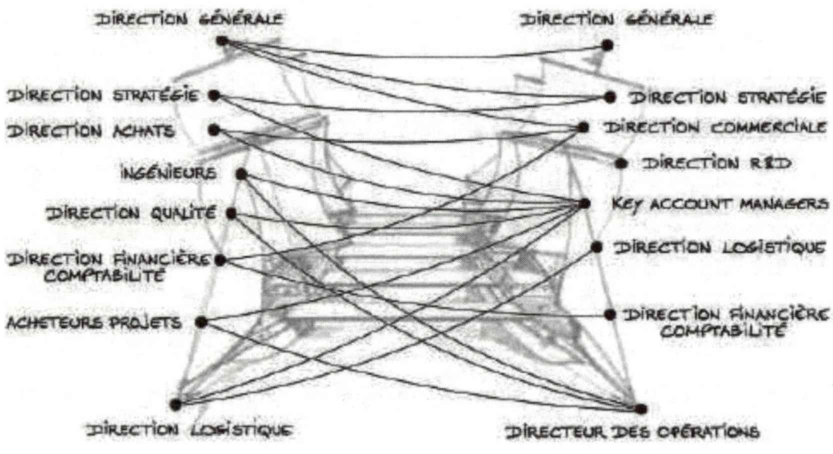

■ *Étape 2 : mesurer, le premier pas indispensable vers le renforcement des relations*

Comment savoir si l'on progresse sans point de départ clairement reconnu ? Comment orienter au mieux les efforts sans bilan initial des forces et faiblesses d'une relation donnée ?

« Objectiver et rendre tangible » le niveau de confiance d'une relation client-fournisseur est vite apparu comme incontournable. Des efforts conséquents ont donc été consacrés à la conception d'une « boîte à outils » fiable et éprouvée.
« Tout ce qui se mesure s'améliore » ; c'est bien connu. Mais l'outillage et la philosophie associée se sont révélés bien plus puissants que nous ne l'imaginions au départ.

Les outils pour mesurer la performance de la relation client-fournisseur

Le bilan croisé de la prestation analyse la performance d'un fournisseur en termes de qualité, services, délais et rapport coût/valeur. Il croise une évaluation réalisée par le client et une autoévaluation réalisée par le fournisseur, sur ces quatre paramètres. Cette analyse est réalisée au travers d'entretiens individuels, parfois complétés par des questionnaires à grande échelle adaptés à la nature et aux enjeux de la relation.
Les « Ponts de la confiance » représentent cinq dimensions clefs qui caractérisent la relation entre deux parties et qui sont analysées en profondeur lors d'entretiens individuels auprès des acteurs clefs de la relation ; ces entretiens durent souvent plusieurs heures, tant le sujet est perçu comme interpellant par les parties en présence.

Les ponts de la confiance : cinq dimensions pour mesurer la confiance de la relation

Contrairement au bilan croisé de la prestation, la mesure des ponts de la confiance ne vise pas à mettre à jour des indicateurs tangibles de performance, mais à dévoiler les forces et faiblesses, souvent intangibles, d'une relation entre un client et son fournisseur.

La confiance se mesure au travers de cinq dimensions principales qui sont détaillées dans les pages suivantes.

L'illustration ci-après représente les cinq Ponts de la confiance® comme autant de « passerelles » à déployer pour relier deux entreprises et renforcer la confiance de leur relation.

● **Pont 1 : « Lisibilité et connaissance réciproques »**

La connaissance réciproque est le socle de toute relation : comment envisager d'établir une relation de confiance, si les deux parties ne se connaissent pas ? Comment concrétiser les opportunités communes ?
Bien souvent, un client et son fournisseur croient se connaître très bien, mais disent mal se comprendre. Dans les faits, ce sentiment d'incompréhension peut provenir d'une faible lisibilité et connaissance de la stratégie, de l'organisation, des métiers, voire des hommes qui composent l'autre partie.
Au-delà de l'incompréhension, un manque de lisibilité réciproque génère bien souvent des blocages, soupçons ou suppositions parfois infondées. En revanche une bonne connaissance de l'autre partie et de ses modes de fonctionnement est synonyme d'efficacité et de fluidité dans la relation.
Les mots recueillis lors de démarches menées dans ce domaine, illustrent ces différents cas de figure :

« Chez ce fournisseur, tout le monde est Vice-Président ! On ne sait jamais qui fait quoi, ni quel est son champ de responsabilité. »

« Le groupe W est un patchwork de métiers et savoir-faire accumulés par croissance externe. Aucune chance de s'y repérer. »

« Où est l'esprit de groupe chez ce fournisseur ? Ils viennent tous nous démarcher comme s'ils étaient concurrents entre eux. »

« Ce que j'apprécie d'abord chez X, c'est d'avoir un point de contact bien identifié qui sait actionner mieux que personne les bons leviers pour débloquer une situation même catastrophique. »

« Depuis qu'on a institué des shows de présentation chez nos clients clefs, on peut enfin parler d'autre chose que de l'affaire en cours. »

● Pont 2 : « Clarté des règles du jeu »

Cette dimension mesure la clarté et la fiabilité des règles du jeu de la relation entre deux entreprises. Il est essentiel que certaines règles soient discutées, acceptées et validées par les deux parties pour que les « fondations » de la relation soient solides. Il s'agit notamment ici d'appréhender :

- ✔ la bonne compréhension des attentes réciproques entre les deux parties, ce qui est essentiel pour les satisfaire !
- ✔ l'équité du partage des risques et des responsabilités. Si ce partage n'est ni clair ni équitable, il y a peu de chances que la confiance s'établisse de manière durable ;
- ✔ le niveau de transparence réciproque autour de ces règles : si le sentiment de non-dits, d'intentions cachées, de rétention d'information domine, difficile de bâtir la confiance. À l'inverse, une communication transparente et ouverte est une condition majeure de création de confiance.

« Le contrat est partial et leurs attentes irréalistes mais avions nous vraiment le choix ? »

« Partage des responsabilités ? Ok, si on considère que c'est nous qui portons tout le risque et eux tous les bénéfices ! »

« Je ne sais jamais quand ni comment m'insérer à leur revue de projet. Résultat : ils se plaignent de manquer de visibilité sur nos avancées. »

« Nous avons pris le soin de bien formaliser nos attentes réciproques et préciser les conditions de succès de part et d'autre en amont, et personne ne le regrette ! »

« Ils ont été très transparents sur leurs difficultés et ont même ouvert leurs lignes de production à nos experts en période de crise d'approvisionnement. Cela a permis de nous rassurer et de trouver rapidement des solutions. »

« Nous avons partagé l'ensemble de nos outils et indicateurs sur ce projet, ce qui a permis enfin de parler le même langage. Les résultats ont suivi. »

● Pont 3 : « Qualité du dialogue »

La qualité du dialogue est généralement un très bon indicateur du niveau de confiance entre deux parties. Elle s'évalue par la richesse, l'intensité et la bonne continuité du dialogue, particulièrement en temps de crise.

Il est frappant de voir comme une relation peut sortir renforcée d'une crise même profonde, à condition d'avoir su maintenir le dialogue dans ces moments difficiles. Si chacune des parties sait parler de manière transparente et dépassionnée des difficultés rencontrées, leur relation sortira consolidée de la crise. À l'inverse, si le fil du dialogue s'est rompu, restaurer la confiance s'avérera difficile.

Une bonne stabilité des équipes en interface de la relation est également indispensable pour maintenir ce dialogue dans la durée : il repose souvent sur quelques hommes, qui en sont les garants. La mutation ou le départ de l'un d'entre eux pouvant provoquer une coupure du dialogue, il est essentiel de les identifier pour veiller à ne pas rompre ce lien.

« On a mis en place des réunions mixtes pour piloter l'évolution de nos ventes, sur une base trimestrielle. Cela a permis de trouver et de mettre en place des accords gagnant-gagnant où les deux parties s'y retrouvent. »

« Quand on arrive avec une nouvelle idée, elle est toujours considérée comme un moyen de les avoir. Alors on préfère appliquer ce qu'on nous dit de manière bête et méchante. »

« On change d'interlocuteur tous les 6 mois ! À force, on perd notre temps et ils ne sont plus crédibles. »

« Ça fait 20 ans qu'on roule ensemble, et l'aventure n'est pas prête de s'arrêter. »

« On arrive à faire un bilan très constructif de nos échecs communs et à apprendre ensemble de nos erreurs. »

« Ce qu'on apprécie avant tout, c'est de pouvoir partir ensemble de la feuille blanche pour trouver des solutions. »

- **Pont 4 : « Comportements réciproques »**

En cas de difficultés d'un fournisseur, on observe deux types de comportements du client. Certains sont tentés de « profiter » de la situation pour renégocier avantageusement un contrat ; d'autres, à l'inverse, chercheront à le soutenir en cette période difficile. Une fois les difficultés passées, ces derniers verront rapidement les bénéfices de leur soutien : reconnaissance, transparence, loyauté, engagement...

La recherche de performance à court terme au détriment d'un fournisseur engendre des effets rétroactifs très souvent négatifs sur le long terme.

Trop rarement mise en œuvre par certains clients qui ont peur que leurs fournisseurs en « profitent », la reconnaissance peut pourtant constituer un levier considérable pour doper la performance d'un fournisseur. À l'inverse, refuser de reconnaître un effort réalisé, c'est prendre un risque réel qu'il ne se reproduise plus à l'avenir.

« Notre département ne les intéresse que lorsque nous pouvons leur être utiles. »

« On a travaillé des mois sur leur cahier des charges pour rien, car ils ont exploité nos avancées et fait le projet en interne. On a retenu la leçon et on ne répond plus à leurs appels d'offres. »

« Qu'on soit excellents ou non, ils nous montrent bien qu'on est de toute façon remplaçables à tout moment. »

« Malgré notre petite taille relative, leurs portes sont toujours ouvertes pour nous, et on n'a jamais été considérés comme un fournisseur de seconde zone. En terme de motivation de mes équipes, ça fait une grande différence. »

« La Direction Générale de notre client a glissé un mot pour nous dans son récent discours et reconnu notre contribution à leur succès ; on n'est pas prêt de l'oublier ! »

● Pont 5 : « Engagement et compétences »

Le respect des engagements, mêmes oraux, permet de mettre la confiance en marche. Certaines entreprises sont connues pour tenir systématiquement et à n'importe quel prix leurs engagements.

Pour d'autres, l'expérience prouve que la valeur des engagements dépend fortement des hommes qui les formulent. Ce qui induit un risque de réputation élevé, car la mémoire du client retient bien souvent davantage les engagements non tenus que ceux qui ont été respectés.

L'implication d'un fournisseur est clef pour gagner la confiance d'un client, notamment au début de la relation. Et elle doit être entretenue dans la durée, car rien n'est pire pour certains clients que d'avoir le sentiment qu'un fournisseur « se repose sur ses lauriers ».

Enfin, la capacité d'un fournisseur à aller au-delà des demandes explicites de son client en faisant preuve d'un supplément d'engagement et de performance permet de sortir du lot et d'être reconnu comme unique et indispensable. Pour un client, il est difficilement envisageable de remplacer un fournisseur qui sait anticiper ses attentes, même non formulées.

« Parfois, on se demande qui est le client ! »

« Ils peuvent nous dire ce qu'ils veulent, ils ne sont plus crédibles. »

« Un commercial chez eux, c'est une voiture et un téléphone portable. Mais malgré la faiblesse des moyens, ça dépote. »

« J'ai connu un commercial prêt à faire un aller-retour Paris-Marseille de nuit pour nous ramener une pièce manquante ! Ça donne envie de les aider. »

« Dans ce groupe, le respect de la parole donnée est génétique. Je n'ai pas souvenir d'un engagement non tenu. »

■ Étape 3 : Partager le bilan croisé de la performance de la relation

Un témoignage

La démarche confiance racontée par un directeur des achats au sein d'un Groupe du CAC 40

Question au dirigeant de la société en question : « Qu'est-ce qui vous a amené à mettre en place une démarche confiance avec vos fournisseurs stratégiques ? »

« Mon choix s'est fondé sur quatre piliers sans lesquels cette démarche n'aurait pas fait sens :

- *une conviction personnelle qu'il est effectivement plus performant de travailler sur le long terme en confiance avec ses collègues et partenaires et qu'il faut valoriser le moteur de liberté et d'autonomie des individus, ce que permet cette démarche. La confiance étant garante de cette liberté ;*
- *un environnement porteur au sein de notre Groupe, qui adhère assez spontanément à cette valeur avec un sponsoring fort de notre Président pour cette démarche ;*

• une relation de confiance de long terme établie avec les consultants en charge du projet. Lorsque le consultant a proposé la démarche, j'ai tout de suite été curieux et intéressé ;

• une démarche originale, outillée et solide (à laquelle j'ai modestement contribué avec le consultant). »

Q : Comment avez-vous vécu la démarche de confiance au sein de votre groupe ?

« La démarche a été très bien vécue car elle est participative et associe un grand nombre d'acteurs, aussi bien chez nous client que chez les fournisseurs concernés. Elle est surtout innovante, car elle permet de renforcer le caractère stratégique des achats et d'établir un dialogue à haut niveau avec nos fournisseurs.

La qualité de la relation de confiance entre le client et le consultant est clef pour l'efficacité de la mission car nous déléguons une partie d'un enjeu sensible : la gestion de la relation avec nos partenaires stratégiques.

La démarche est nécessairement réalisée par un consultant, garant de la neutralité de la mesure, et médiateur indispensable entre les parties »

Q : Que vous a apporté cette démarche ? La confiance a-t-elle changé vos relations avec vos fournisseurs ?

« La démarche de confiance est une expérience très positive et efficace qui est aujourd'hui inscrite dans la durée dans notre plan stratégique à moyen terme.

À ce stade, nous avons lancé la démarche avec quatre fournisseurs et la Direction de la Stratégie a également adopté cette démarche pour aborder des clients/grands comptes de manière innovante.

La démarche a, entre autres, permis de :

• débloquer une situation de crise dans notre relation avec un fabricant mondial de câbles après plusieurs mois d'impasses et quelques millions d'euros de pertes suite à une répercussion unilatérale de

la hausse du coût des matières premières dans les prix de ce fournisseur ;

- *négocier des contrats innovants avec un système de rémunérations commerciales (remises en fin d'année) avec des enjeux économiques lourds ;*
- *engager des réflexions stratégiques en termes de partenariat avec un leader mondial de la fabrication de produits électriques sur certains segments de marché (médical notamment).*

La démarche est un très bon moyen de favoriser l'initiative et d'être plus prospectif dans la relation avec le fournisseur, de raisonner au-delà de nos négociations quotidiennes et d'opérer des choix structurants de partenaires.

Elle apporte des éclairages factuels et permet d'objectiver des paramètres souvent très subjectifs avec un système de regards croisés avec différents angles/points de vue sur une même problématique. Elle permet également de véhiculer des messages en interne et en externe. C'est un outil innovant qui reste en même temps simple et facilement déployable.

Le grand bénéfice de la démarche, c'est l'apport d'objectivité sur une relation donnée et surtout de sérénité contrairement aux autres démarches classiques des consultants souvent déstabilisatrices pour les fournisseurs, et créatrices de méfiance. À titre personnel, on en sort serein et grandi. »

Q : Quels ont été les facteurs qui ont le plus contribué au succès de la démarche ?

« Tout d'abord un facteur humain : il faut qu'il y ait de la confiance entre le client et le consultant pour déléguer ce genre d'opérations et notamment les entretiens du consultant chez le fournisseur au niveau de sa direction générale.

Il faut des hommes de qualité et d'ouverture en interne pour se plier au jeu du 360° avec un fournisseur et suivre les plans d'actions élaborés. La confiance doit être une valeur dominante.

Enfin, il faut une vision de long terme car la confiance se construit et se renforce et requiert donc du temps. »

Q : Que faut-il savoir avant de lancer une telle démarche ?

« La seule contrainte de la méthode, c'est qu'il faut aller jusqu'au bout !

Le bilan de la qualité de la relation client-partenaire est rapidement établi ; photo et plan d'actions associés. La mise en œuvre des actions validées est plus longue. Il faut donc effectuer des mesures des résultats après une échéance de 6-12 mois pour valider les bienfaits de la démarche et redynamiser les équipes sur l'objectif de performance.

Cette piqûre de rappel n'est pas très lourde, mais indispensable pour éviter que le soufflé ne retombe. C'est la garantie du maintien des résultats dans le temps ; et elle permet éventuellement de réorienter certaines actions en apportant un regard critique ponctuel. »

Deux cas concrets d'application de la mesure des Ponts de la confiance

Nos analyses de cas réels ont permis de dégager plusieurs typologies de climats de confiance dans la relation entre deux entreprises. Nous vous présentons dans les pages suivantes deux illustrations marquantes.

Cas 1 : « faute de dialogue au bon niveau, une incompréhension latente et des opportunités manquées »
Quand ce Directeur Général d'une entreprise de services parle de ce fournisseur industriel de sources lumineuses, c'est d'abord sur le ton de la nostalgie et de l'incompréhension. Nostalgie des nombreux projets d'envergure réalisés ensemble par le passé…

Et incompréhension de voir le volume d'affaires réalisé avec ce fournisseur pourtant leader mondial dans son domaine, baisser d'année en année. « Privilégie-t-il les concurrents ? » est sa question de départ lorsqu'il sollicite le consultant.

Diagnostic : l'analyse démontre plusieurs forces dans la relation : les règles du jeu sont claires, et le niveau d'implication est reconnu comme élevé de part et d'autre.

Mais la qualité du dialogue entre Directions Générales est perçue comme faible : on a perdu l'habitude d'échanger sur les ambitions et visions stratégiques réciproques. De fait, la lisibilité réciproque sur le positionnement des deux groupes est faible, alors même que leurs chemins divergent : pour le client, l'essentiel du CA provient d'une multitude de projets en zone rurale. Le fournisseur vise au contraire des grands projets complexes en zones urbaines. Encore faut-il le dire clairement, pour éviter que le client se sente délaissé, ce qui se traduit par un axe Comportements dégradé.

Cette absence de dialogue a d'autres effets négatifs. Faute de connaître les attentes et le niveau de satisfaction de son client, le fournisseur a tendance à surinvestir sur certaines dimensions qui donnent pourtant satisfaction (en l'occurrence les services) au détriment de l'amélioration des délais, pourtant jugée critique par le client.

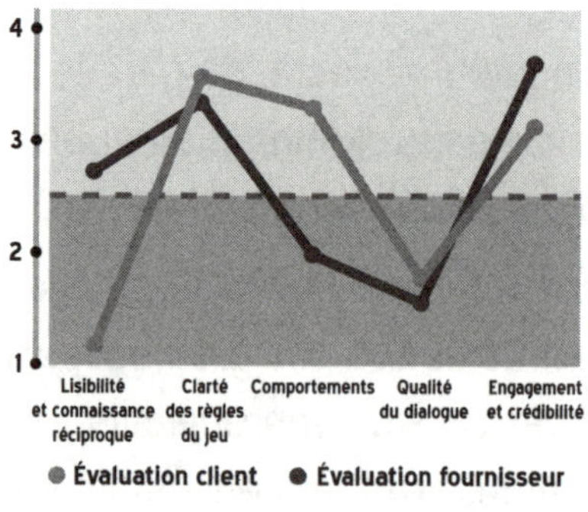

Recommandation :

Le fournisseur a mis en œuvre un plan d'actions pour rétablir d'urgence les délais sur une famille de produits critiques, ce qui lui a permis de voir son contrat cadre renouvelé.

Un comité stratégique mixte a été mis en place pour échanger régulièrement sur les stratégies réciproques des deux Groupes. Ce comité a permis d'identifier plusieurs pistes de développement communes, notamment dans le domaine de l'efficacité énergétique, qui se sont traduites par des affaires remportées en groupement.

Cas 2 : « Le coût de la défiance ». Au sein de l'entreprise A, équipementier électronique dans l'aéronautique, être affecté au programme « client B » est généralement considéré comme un sacerdoce, voire une punition. Mais chez le client, encadrer ce fournisseur est également qualifié de « chemin de croix », tant le niveau de défiance réciproque est élevé.

Il se traduit par plusieurs symptômes :

- un décalage dans la transparence : le fournisseur estime faire preuve d'une grande transparence (sur ses difficultés opérationnelles notamment) mais ne pas être payé en retour ;
- des comportements mal vécus de part et d'autre : le client est perçu comme intransigeant et intrusif au quotidien ; mais pour lui, il est inenvisageable de lâcher la pression sur un fournisseur qui ne donne pas satisfaction ;
- un dialogue infructueux : malgré les échanges quotidiens, impossible de s'entendre sur des objectifs et priorités partagés. Dans ce contexte, le travail en équipe est voué à l'échec ;

✔ des engagements peu ou pas respectés : assailli de demandes, et incapable de dire non, le fournisseur B accepte des engagements intenables, au péril de sa crédibilité.

Cette défiance a un coût élevé des deux côtés. Ainsi, nombreux sont ceux, au sein du fournisseur, qui demandent à être mutés rapidement sur un autre programme. Mais le client se plaint régulièrement de l'instabilité des équipes, qui empêche de descendre la courbe d'expérience relationnelle.
Comment rompre ce cercle vicieux ?

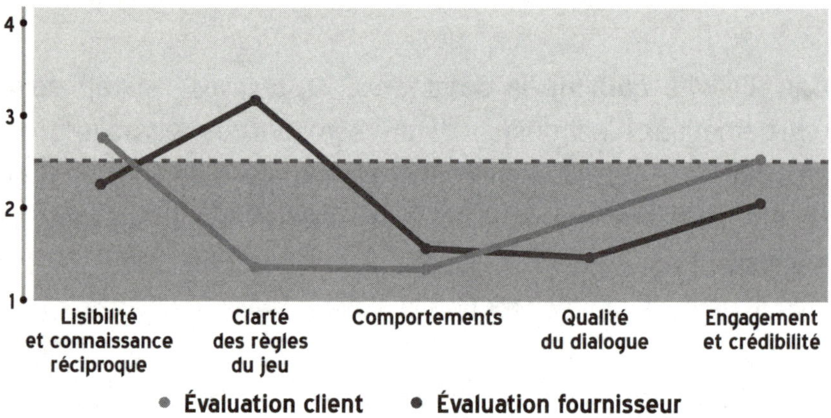

Recommandation :

Le management, sensible aux coûts de la défiance et désireux de trouver des modes de fonctionnement vertueux, veut donner un nouvel élan à la relation. Mais sans l'adhésion des équipes, c'est peine perdue.

La présentation du diagnostic aux équipes a agi comme un électrochoc. D'une part, car elle a permis de tourner la page et de se projeter dans l'avenir. D'autre part, les équipes ont été associées à la conception d'un plan d'actions commun, qui a permis de trouver rapidement des leviers de progrès.

Un suivi annuel de la performance a été mis en place. Un an après, l'amélioration est sensible sur l'ensemble des axes.

4.
La confiance et le dialogue social

La confiance ne peut pas s'établir avec seulement une partie du corps social. C'est une construction patiente qui se fait avec l'ensemble des partenaires sociaux.

Dans les grandes entreprises françaises, les syndicats doivent contribuer à construire un dialogue social « autrement ».

La qualité du dialogue social est aujourd'hui très inégale et, au sein d'une entreprise, le meilleur et le pire peuvent coexister.

C'est rarement un dialogue confiant. Il y a des historiques de dialogue dur et des positions de principe qui révèlent cette dureté permanente. Cependant, certaines entreprises ont, dans ce domaine, réussi des mutations spectaculaires. En général, ce n'est pas l'effet du hasard mais l'émergence, à un moment, d'une volonté des acteurs de s'engager sur un autre chemin.

Stratorg a créé un club – baptisé Mutualité – qui a pour objet de discuter de la confiance avec des responsables appartenant à six organisations syndicales.

Les participants, après avoir appris à connaître les outils de la confiance en général, ont souhaité qu'il en soit créé un permettant de mesurer et d'améliorer la qualité du dialogue social.

Cet outil a été expérimenté dans une grande entreprise française.

Avant de le présenter, il convient de préciser que cette recherche s'est faite en même temps que la mise en place de la nouvelle loi

sur la représentativité du 20 août 2008. Cette loi a des conséquences importantes pour la représentation syndicale et donc pour le dialogue social avec les entreprises.
L'impact de cette loi a été étudié avec les outils de mesure de la confiance.

La nouvelle loi sur la représentativité

Le texte de la loi et les questions qu'il suscite

Nouvelles dispositions légales		Va-t-on vers une recomposition du paysage syndical ?	Va-t-on vers un dialogue social de meilleure qualité ?
Seuil de représentativité	▪ 10 % des votes au niveau des entreprise, 8 % au niveau national et de chacune des branches ▪ Pour les syndicats catégoriels : - 10 % (8 % au niveau branche et national) dans leur collège - Et un rattachement à une OS représentative au niveau national	→ Un enjeu d'existence (à chaque niveau) pour les petites OS ? → Une plus grande légitimité du catégoriel ?	→ Plus d'écoute du salarié ? → Des OS plus crédibles ? → Un risque de dérive vers de l'électoralisme ?
Validité des accords	▪ 30 % des voix exprimées ▪ Capacité de véto à partir de 50 % d'opposition écrite	→ Un enjeu d'indépendance à la signature pour les plus grosses ? → Un enjeu de mmaîtrise du droit de veto ? → Des alliances ponctuelles dans les entreprises en fonction des accords à signer ?	→ La nécessité pour les OS majoritaires de se positionner pour ou contre un accord (plus de « passager clandestin ») ? → Un risque de blocage plus important ?
Présence syndicale pour des OS non représentatives	▪ Présence syndicale (section syndicale et un RSS) dès lors que : - L'OS existe depuis 2 ans, satisfait aux critères de représentativité - Ou elle est affiliée à une OS représentative au niveau national	→ Une plus grande implantation locale d'Unsa et de Sud ? → À moyen terme, l'apparition de nouvelles OS (ou syndicats d'entreprise) ?	→ Un avantage "démocratique" : toutes les opinions pourront être représentées → Un risque de développement d'actions "poil à gratter" voire "coups de poing"

En étudiant l'impact de la nouvelle loi avec les outils de mesure de la confiance, on arrive aux conclusions suivantes :

✔ l'analyse des « contrats invisibles » (*cf.* Chapitre 8) des différentes organisations syndicales montre qu'une fusion entre deux organisations est extrêmement peu probable et très peu réaliste : même menée à grand renfort d'énergie elle est vouée à l'échec : les organisations syndicales disparaissent et leurs membres font leur « marché », seuls ou par petit groupes, entreprise par entreprise ;

✔ le dialogue social tel qu'il est prévu par cette loi peut, en effet, être beaucoup plus responsable et plus construit, car elle le cadre et d'une certaine manière le rend obligatoire ; ceci demande aux acteurs, direction et syndicats, une volonté mutuelle de tirer parti de ce cadre. D'autant que, dans le cas contraire, s'ils ne le font pas, ils doivent en rendre compte aux salariés et assumer la perte de confiance qui en est le résultat ;

✔ la loi demande donc pour être pleinement efficace, que les partenaires sociaux commencent par aborder un dialogue sur la qualité de leur dialogue afin de progresser.

• Dialoguer sur le dialogue dans l'entreprise

Instaurer la confiance commence par prendre sa mesure ; de même, le dialogue commence par l'état des lieux de la qualité du dialogue. Pour cela, il faut : un outillage approprié et un processus de conversation productive qui vont permettre de consolider les méthodes du dialogue social.

Quatre thèmes doivent être abordés pour cerner ce sujet :

1. Le champ du dialogue.
2. La qualité des acteurs.
3. Les méthodes et moyens du dialogue.
4. Le niveau d'implication.

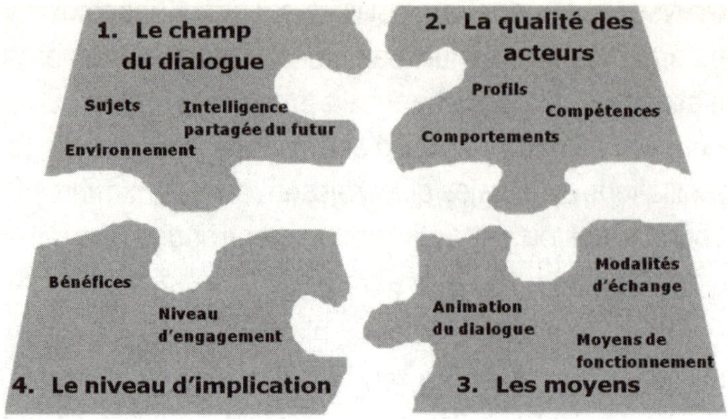

Ces quatre chapitres sont comme les quatre pièces d'un puzzle qui ne s'emboîtent pas bien : le premier travail consistera précisément à déformer ces pièces jusqu'à ce qu'elles parviennent à former un véritable puzzle. Il s'agira alors de les emboîter, ce qui devrait devenir assez simple et naturel.

■ *Le champ du dialogue*

Première question que les partenaires doivent d'abord traiter : la longueur et la profondeur du champ du dialogue. Les questions qui se posent ont trait aux sujets qui sont abordés, à la compréhension de l'environnement, et à l'anticipation.

Sujets du dialogue

✔ Un examen rétrospectif des types de sujet abordés dans le dialogue social : s'agit-il des figures imposées par le Code du travail ou plus largement de tous les sujets de préoccupation qu'il faut affronter pour la bonne marche de l'entreprise ?

✔ L'agenda des réunions formelles ou informelles du dialogue social est-il le fruit d'un échange sur les enjeux entre la direction et les salariés ou est-il juste le reflet d'un agenda « obligatoire » ou de routine ? Comment est-il fixé *in fine*, comment les temps alloués sont-ils prévus ?

Compréhension de l'environnement

Une des difficultés pour juger le bien fondé des stratégies et des choix de plan d'action est la compréhension de l'environnement et les degrés de liberté qu'il permet. Les directions proposent souvent une directive en affirmant qu'il n'y a aucune alternative possible. Il se peut que ce soit vrai, mais si les salariés ne reçoivent pas d'informations permettant de juger, cela revient pour la direction, à dire « faites-moi confiance ». Ce qui est diamétralement opposé à la bonne méthode pour construire la confiance.

Il est donc nécessaire de faire un point sur la qualité de l'information transmise : les concurrents et leur évolution, la situation des partenaires de l'entreprise : clients et fournisseurs, l'évolution de l'actionnariat. Il s'agit aussi de mesurer la qualité de l'éclairage qui est donné sur ces points.

Anticipation

La confiance se joue toujours sur plusieurs temporalités. Dans une discussion sur le présent, la confiance ne peut se créer que si le futur est abordé.

Dans la création d'un dialogue social constructif, il faut donc que les parties fassent un examen du temps de dialogue dédié à l'anticipation, à la prospective, au débat autour du futur.

Toutes les entreprises qui ont réussi à établir un dialogue constructif ont en commun d'avoir permis des échanges concernant le futur. Le fait que les sujets les plus complexes et les plus exposés à crispation et hostilité aient été vus en amont pour que chacun ait le temps d'y réfléchir, a été très positif.

■ *La qualité des acteurs du dialogue*

La qualité du dialogue dépend de la qualité des acteurs de ce dialogue. Il ne s'agit pas seulement de la qualité intrinsèque des personnes (leur profil) mais également de leur expérience, leur compétence et leur formation en matière de dialogue social ainsi que de leurs comportements.

Profils

L'examen portera d'abord sur le profil des acteurs :

- ✔ Les porteurs du dialogue social sont-ils crédibles et légitimes ? Sont-ils reconnus et capables de créer l'adhésion ? On peut parier que les syndicats d'un côté et la direction de l'autre ont des points de vues différents, mais c'est la possibilité de l'exprimer et le dialogue qui va suivre qui vont être porteurs de progrès. Les interlocuteurs ont-ils un mandat clair, les degrés de liberté nécessaires et une certaine latitude dans la prise de décision indispensable à l'exercice de leur mission ?
- ✔ Les acteurs en présence s'inscrivent-ils dans la durée, connaissent-ils suffisamment l'historique, la culture et les enjeux de leur entreprise ?

Compétences

- ✔ Les interlocuteurs, des deux côtés, s'appuient-ils sur une bonne compréhension et un dialogue avec le corps social et syndical ?
- ✔ Les interlocuteurs ont-ils, pour traiter les sujets, le savoir-faire de communication, de négociation, d'expertise métier et économique ?
- ✔ Les interlocuteurs, enfin, ont-ils été bien formés ?

Comportements

- Quel degré de respect mutuel les interlocuteurs se manifestent-ils ? Les invectives personnelles sont-elles tolérées ou non ? Les engagements pris, les accords signés, les actions promises sont-ils, sauf cas de force majeure, respectés ? Les déviances sont-elles au moins signalées ?
- Quelle est la valeur de la parole, à tous les niveaux, et quel regard porte-t-on sur ce sujet ?

Les moyens du dialogue

Un bon dialogue social demande du temps et des moyens suffisants. Mais que veut dire « suffisant ». Il y a un spectre très large dans les entreprises françaises, avec des situations de mauvais dialogue social qui peuvent être la conséquence de la pauvreté des moyens mis en œuvre mais également malgré l'importance des mêmes moyens. Le fil conducteur n'est donc pas tant la quantité de moyens mais bien plutôt la quantité de vrai dialogue. Chacun sait que la qualité d'un dialogue ne se mesure pas en temps passé mais en volonté qu'ont les acteurs de discuter.
Dans cette perspective, la mesure porte sur :

Les modules de l'échange

- Les échanges ont-ils lieu « autant que de besoin » selon l'urgence des sujets ?
- Les échanges sont-ils des moments d'écoute ou simplement l'exposition de points de vue, chacun restant sourd aux arguments de l'autre ?

Les outils d'animation du dialogue

✔ Les porteurs du dialogue social ont-ils les outils nécessaires à l'appréciation du client et des sujets clefs du dialogue social. Les baromètres sociaux dans l'entreprise sont fréquents mais ils ne sont pas toujours porteurs de confiance.

✔ Concernant les moyens de fonctionnement, même si cette question vient en dernier, elle doit avoir une place importante. On juge ici de diverses dimensions comme le temps dédié au dialogue (heures de délégation, etc.), les locaux mis à disposition, les moyens de communication et de formation et la capacité d'avoir accès à l'information.

L'ampleur excessive de moyens ne doit jamais être une manière de remplacer le déficit de dialogue mais, à l'inverse, leur absence témoigne que la volonté de dialogue est sans réalité.

■ *Le niveau d'implication*

Il est nécessaire que les parties comprennent ce qu'elles attendent d'un dialogue social de confiance. Ce n'est pas le plus facile à exprimer, précisément parce que l'encadrement réglementaire dispense d'avoir à se poser des questions sur ce qu'on veut obtenir vraiment.

Ce chapitre du questionnement sur le dialogue social aborde deux points : le niveau d'engagement attendu et l'attente des intérêts à satisfaire.

Le niveau d'engagement attendu

Les deux parties se poseront des questions sur :

- ✔ la possibilité ou non d'avoir une discussion réelle sur les sujets abordés ;

- la possibilité ou non d'envisager des options alternatives ;
- la volonté de dialogue ;
- le soutien des décisions prises ;
- la déclinaison effective des engagements pris.

Les bénéfices attendus

Chaque partie doit être très claire sur ce qu'elle attend d'un dialogue social de bonne qualité. Il est probable que ces attentes ne coïncident pas totalement, mais il également vraisemblable que les sujets de construction communs soient nombreux. Sur des sujets de fond, direction et syndicats sont souvent d'accord pour penser que le dialogue a des conséquences positives pour tous qu'il s'agisse de la sécurité, du traitement des clients, des parcours professionnels.
Il y a des objets de dialogue qui sont par construction des sujets « à somme positive ».

Le débat sur les bénéfices attendus a toutes les chances d'être fécond et on peut faire une liste des intérêts à satisfaire :

- la signature des accords ;
- l'intérêt à développer un bon climat social ;
- l'amélioration des conditions de travail (sécurité, stress) ;
- l'amélioration de certaines performances (réactivité, productivité).

Il est important de bien comprendre en quoi les organisations syndicales, confortent leur position dans ce dialogue, ainsi que les représentants du personnel eux-mêmes.

Partie II

Confiance et niveau opérationnel
Des outils pour
les managers de terrain

5.
Des outils pour rendre le management quotidien inducteur de confiance

Se multiplient aujourd'hui, au sein de la planète économique, des duopoles potentiellement dangereux pour la petite Europe. Bien sûr, on évoque de plus en plus la « Chinamérique » et la mondiale complémentarité de leurs gigantesques déséquilibres, les réserves de l'un payant les déficits de l'autre. Mais à Pékin ou à Hong Kong, on évoque de plus en plus l'émergence de « Chindia », ce partenariat entre deux voisins colossaux, que tout sépare, l'Histoire, les conflits de frontière, les systèmes politiques, mais qui ont pris conscience des synergies puissantes que pourrait produire la conjonction de leurs deux dynamismes. Mais c'est surtout le couple improbable que semblent vouloir constituer dorénavant le Japon et la Chine, en dépit de haines séculaires, qui pourrait bientôt devenir la donnée la plus susceptible de bouleverser l'équilibre du monde. La décision récemment prise par les trois banques centrales du Japon, de la Chine et de la Corée de piloter ensemble l'évolution de leurs monnaies comme la proposition faite à Hu Jintao par la nouvelle majorité japonaise d'envisager le construction d'une sorte de Marché Commun asiatique, voilà qui peut annoncer la constitution d'un immense espace intégré aux potentialités aujourd'hui inimaginables.

De ces trois duopoles qui vont façonner le monde de demain et dont la Chine est le pivot, l'Europe est exclue. Un constat qui redonne toute son actualité à cette affirmation de Christian Blanc : « Au cœur de la dangereuse mais inévitable mondialisation, une puissance moyenne comme la France n'a le choix qu'entre innover en permanence (dans l'entreprise, les administrations, l'éducation, la santé…) ou accepter de tendre rapidement vers le modèle social des pays à bas salaires ». Et c'est sans doute dans le domaine du management que l'innovation est la plus urgente : les suicides en cascades dans plusieurs entreprises et la médiocre efficacité du management public nous le rappellent aujourd'hui.

Manager, c'est faire en sorte que, **dans un contexte évolutif**, et **compte tenu de l'organisation choisie et de règles de gestion définies**, on amène **les collaborateurs** dont on dispose – et **tels qu'ils sont** – à produire **durablement** les résultats attendus. C'est dire qu'on ne peut manager convenablement si l'on n'a pas une bonne connaissance des évolutions à l'œuvre dans les différents environnements de son entreprise (économiques, financiers, sociaux, sociologiques, commerciaux) et si l'on n'a pas perçu les considérables incidences des récentes mutations des organisations (le passage du fonctionnement en silos au fonctionnement en processus, de l'addition de tâches à la multiplication d'intelligences interactives, de la pyramide au réseau, de l'information pauvre uniquement « top down » à l'information foisonnante arrivant de partout, bref, du passage de l'ère de la *manu-facture* – ou de la bureaucratie – à celle de la *cerveau-facture*, où chacun, invité à apporter sa compétence à l'effort collectif, n'est donc plus subordonné mais partenaire). On ne peut, non plus, manager efficacement si l'on n'est pas sensible à la grande diversité de ses collaborateurs et à la profonde évolution de leurs relations avec leur vie professionnelle : des jeunes aux caractéristiques neuves (et qui ne sont pas « nous en moins vieux »), des seniors si souvent désabusés par le regard dégradant qu'on pose stupidement sur eux dans tant d'organisations françaises (au Québec, 55 ans c'est le début de la maturité !), des collaborateurs qui, pour la plupart, sont devenus des « consommateurs » de vie professionnelle et attendent de celle-ci qu'elle ne détruise pas leur vie mais au contraire contribue à leur projet personnel.

Bien sûr, en poussant quelques « coups de gueule » et en jouant de la pression et de la peur, on peut obtenir de ses collaborateurs des résultats. Mais pas durablement. Et savoir créer dans ses services ou ses équipes le climat de confiance qui seul permet de garantir des performances durables, ce n'est pas à la portée de n'importe qui. Surtout dans cette société française de défiance[1] remarquablement décrite par Cahuc et Algan où les dirigés se défient des dirigeants.

Les 10 clefs du management de la confiance (« Les 10 C »)

Venue du Québec, cette démarche pragmatique vise à donner aux managers de terrain un moyen mnémotechnique pour qu'ils puissent se rappeler, chaque jour dans l'action, quelques attitudes basiques de qui souhaite que ses collaborateurs travaillent quotidiennement en confiance, améliorent ainsi leur intelligence collective et donc, durablement, leur performance d'ensemble.

À l'américaine et pour favoriser la mémorisation, chacune de ces attitudes (dix en tout) a été identifiée par un substantif commençant par un C, d'où le nom de cette démarche, aujourd'hui relativement bien diffusée en France.

1. Cahuc et Algan, *op. cit.*, Éditions rue d'Ulm.

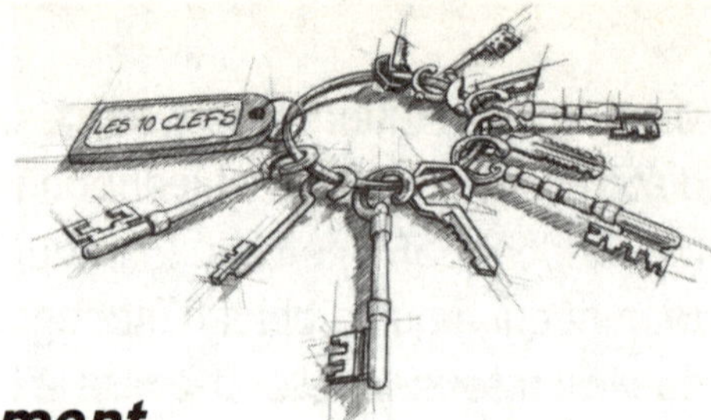

■ *Clef 1 : Le management de la CIBLE*

Il s'agit de rappeler au manager de terrain que l'on manage mieux par le sens que par les ordres. Il s'agit à la fois de savoir évoquer, de temps en temps, la cible permanente de l'institution dans laquelle on œuvre et de clarifier sans cesse la cible immédiate que doit viser l'équipe que l'on anime.

La cible permanente, pour une institution du secteur public, ce sont les valeurs du Service Public, l'intérêt général, le bien commun ; pour une organisation mutualiste ce sont les valeurs de coopération ; pour une entreprise privée le respect du client et des autres « stake holders », etc. Il n'est pas question que le manager fasse, chaque matin, un discours sur ces thèmes mais qu'il soit bien conscient de ce que, dans le gris des jours, nous avons tous tendance à oublier les spécificités riches et les propres finalités des institutions dans lesquelles nous apportons nos compétences ; alors que c'est précisément le rappel de ces spécificités et de ces finalités qui peut redonner, parfois, un peu de saveur à notre activité professionnelle dans sa monotonie et ses difficultés quotidiennes. Croire que nos collaborateurs ne sont pas comme nous en train d'essayer de donner un peu de sens à leur vie, c'est faire preuve d'une ignorante vanité, de suffisance élitiste et surtout d'un vrai mépris des autres. À chaque manager d'imaginer le meilleur moment, dans le mois, pour rappeler à ses collaborateurs que ces spécificités et ces finalités, loin d'être anecdotiques, marginales, du bla-bla ou de la poudre aux yeux, sont en fait le cœur même de ce qui les rassemble, les distingue d'autres organisations et leur donne force et cohérence.

Bien sûr, il ne s'agit pas d'être angélique et de « vendre » à ceux que l'on a sous sa responsabilité le discours officiel de son institution – qui comporte souvent sa part de langue de bois – mais de s'efforcer de distinguer, parmi tous les ingrédients qui le composent (ambition, vision, mission, valeurs, priorités stratégiques, histoire de l'organisation…), ce qui semble véritablement authentique dans les pratiques de l'entreprise et peut donner un sens plus fort et durable à l'activité de mon service ; et quelles sont les diverses traductions que, moi, manager, je dois en donner pour que mes collaborateurs dont chacun n'a ni le même désir que moi d'engagement dans sa vie professionnelle ni les mêmes capacités d'écoute puissent néanmoins y trouver une résonance personnelle ?

Autre nécessité, clarifier sans cesse la cible immédiate. Il s'agit de rappeler à chacun la nature et le « pourquoi » des objectifs opérationnels à court terme pour lesquels l'équipe se bat. Et en ce domaine, le « pourquoi » est au moins aussi important que la nature. Moins on passe de temps à expliquer les raisons qui justifient un objectif collectif, moins on a de chance qu'il soit atteint ; en outre, plus les collaborateurs auront été parties prenantes, d'une façon ou d'une autre, dans sa définition, plus il est vraisemblable qu'ils le réaliseront. La confiance collective suppose un partage : au manager de redire, chaque jour ou chaque semaine selon le type d'activité, sans craindre la redondance, ce qui justifie à court terme l'effort de tous.

Pour action :

Rappeler au moins une fois par mois la cible permanente de l'entité de niveau supérieur (entreprise, collectivité locale, service public…) et au moins une fois par semaine la cible immédiate du service ou de l'équipe que l'on manage.

■ *Clef 2 : Le management de la COHÉRENCE*

La souriante sagesse africaine nous le rappelle : « Plus un singe monte haut, plus il montre son derrière ! ». Dés qu'on accepte une responsabilité de management, il faut s'attendre à être regardé, jugé, voire critiqué ou brocardé par les « managés », c'est la règle du jeu. Mais le petit minimum que le manager doit respecter pour avoir une chance que ses collaborateurs puissent, le cas échéant, avoir confiance en lui, c'est de faire ce qu'il dit, de pratiquer les principes dont il annonce la nécessité, de telle sorte que « les bottines suivent les babines », pour reprendre l'amusante formule québécoise, et que ses actes soient cohérents avec ses paroles.

Plus le manager est haut placé dans la hiérarchie, plus il doit veiller en outre, à la cohérence entre, d'une part, les valeurs ou les principes éthiques qu'il annonce et le style de relations quotidiennes qu'il entend promouvoir et, d'autre part, les systèmes de gestion des personnes censés les traduire dans l'action (systèmes de recrutement, d'accueil, de mise en premier poste, de rémunération, de promotion, d'appréciation, de communication interne, de gestion dynamique des compétences et des emplois, de formation, d'amélioration des conditions de travail, de concertation, de négociation…) ; toute incohérence en ces domaines est facteur de défiance.

Un autre aspect de la cohérence concerne plus particulièrement les dirigeants : il s'agit de veiller soigneusement à la cohérence entre les choix stratégiques décidés par l'équipe de direction et la façon dont les échelons d'exécution les reçoivent, les comprennent, se les approprient et les mettent effectivement en œuvre. Dans la période de crise que nous venons de vivre et dont les effets ne sont pas près de disparaître, les comités de direction ont souvent travaillé avec ardeur, rapidité et efficacité pour ajuster les options stratégiques existantes, en prendre de nouvelles pour tenir compte au mieux du bouleversement de leurs environnements. Mais l'on n'a pas toujours consacré l'énergie, le temps et les moyens pour que les responsables de terrain soient suffisamment informés de ces évolutions, de leur exacte nature et des raisons qui les justifient. Résultat, ce si fréquent « syndrome de la locomotive », cher à Maurice Thévenet[1], qui voit croître le décalage entre des équipes de terrain en déshérence – « on ne sait plus où l'on va » – et des équipes de tête qui foncent d'autant plus vite vers le futur que les wagons qu'elles sont censées tirer sont restées sur place. Et la confiance s'érode quand se diffuse ce sentiment que « les chefs nous laissent dans le brouillard ; savent ils eux-mêmes ou ils nous emmènent ? ». Quand on est manager, on est également responsable de ses N+1 : il faut toujours les pousser – diplomatiquement – à transmettre les orientations stratégiques qu'ils ont reçues des niveaux de direction, et s'ils ne les ont pas reçues, à aller les chercher.

1. M. Thévenet, *Manager en temps de crise*, Eyrolles, Paris, 2009.

Pour action :

Veiller quotidiennement à faire ce que l'on a annoncé, mensuellement à ajuster ses principaux modes de gestion pour qu'ils demeurent cohérents avec les principes dont on a affirmé l'importance, annuellement à chercher sans cesse à mieux comprendre les choix stratégiques de la direction pour que l'action collective de ses collaborateurs demeure cohérente avec ces choix.

■ *Clef 3 : Le management de la COOPÉRATION*

Encore une fois, il faut souligner l'écart qui tend à se creuser entre, d'une part, les modes de fonctionnement que l'on promeut au sein des organisations depuis une quinzaine d'années pour accroître leur efficacité (fonctionnement transversal, en réseau, par projet, par processus) – qui n'ont de sens que si les accompagne un management coopératif – et, d'autre part, un « chacun pour soi » encouragé par une gestion individualisée des personnes et de leurs objectifs.

Aucune chance de voir ses propres collaborateurs interagir intelligemment, et donc aucune chance de rendre efficaces ces nouveaux modes de fonctionnement, si l'on omet de donner à ceux dont on est responsable l'envie de travailler ensemble, de fortifier du lien, l'inverse de l'imbécile « diviser pour régner » . La nécessaire confiance minimum entre divers acteurs intervenant sur le même processus où œuvrant au sein du même projet ne sera pas au rendez-vous, si leurs managers n'éduquent pas chez eux des comportements de *Tmen* ou de *Twomen* (selon le vocable de Peter Drucker), approfondis dans leurs compétences – c'est la barre verticale du T – mais disposant d'une compréhension large des enjeux, des contraintes et des attentes de leurs partenaires en amont et en aval (c'est la barre horizontale du T). Sont concernés à la fois le management multiplicateur (le passage d'un mode de fonctionnement par addition de tâches préalablement définies à un mode de fonctionnement par multiplication d'intelligences – celles de l'équipe – autour d'objectifs partagés) et le management transversal (le passage d'un mode de fonctionnement en silo : chaque service au service de lui-même, à un mode fonctionnement par processus : chaque service au service des autres services).

Pour action :

Veiller à ce que ses propres collaborateurs deviennent des Tmen et des Twomen, compétents chacun dans son domaine mais également capables de comprendre, dans leur finalité, leur nature et leurs contraintes, les domaines d'activité de ceux avec lesquels ils sont amenés à collaborer.

■ *Clef 4 : Le management de la COMPÉTENCE*

Quand paraît en 2005 le premier rapport de l'UNESCO décrivant les incidences vraisemblables des TIC sur les évolutions sociétales, « Vers les sociétés du savoir », on ne prend pas forcément au sérieux son pronostic sur les mutations du travail : en effet, ce rapport affirme qu'avant quinze ans, 80 % des connaissances nécessaires en ce début de siècle pour exercer un métier seront sans doute devenues obsolètes ; exagération de prospectivistes en mal de provocation, estime-t-on alors. Mais aujourd'hui, force est de constater que, sous nos yeux, en temps réel, se transforment nos façons de nous documenter, d'échanger, d'apprendre, de produire, d'acheter, d'interagir avec d'autres acteurs de notre existence (administrations, transports, tourisme...) et de vivre notre activité professionnelle quotidienne. Et sans doute n'avons-nous encore rien vu.

Dans l'actuel maelström des mutations économiques mondiales, alors qu'aucune entreprise ne peut plus affirmer sérieusement à ses salariés qu'elle les gardera quoi qu'il arrive, quel collaborateur ferait confiance à un manager qui ne l'aide pas à développer – voire à diversifier – en permanence sa compétence professionnelle, seule garantie d'une employabilité sans cesse maintenue face aux aléas de stratégies entrepreneuriales imprévisibles et d'un marché du travail en évolution continue ?

Pour susciter la confiance, il s'agit, pour le manager, non seulement d'attirer et de conserver des talents, mais aussi de rendre l'organisation de son service suffisamment apprenante pour que tous ses collaborateurs deviennent plus talentueux et développent sans cesse leur employabilité : que jamais personne ne maîtrise son poste ! La routine tue. Et que chacun progresse chaque jour dans l'exercice même de son activité quotidienne, conçue précisément pour ne pas cesser d'être « apprenante », et puisse percevoir la réalité de ses propres progrès.

Pour action :

Définir – sur le mois et l'année – avec chaque collaborateur des micro-défis personnalisés tenant compte de ses rythmes d'apprentissage et de ses capacités de progrès.

■ *Clef 5 : Le management de la COMMUNICATION*

De même qu'un marteau peut servir à enfoncer un clou ou à défoncer le crâne d'une vieille dame, l'efficacité et l'utilité des TIC dépendent des intentions de ceux qui s'en servent et du rôle qu'ils leur donnent. Comme la langue d'Esope, elles peuvent servir à améliorer les échanges entre les personnes ou, au contraire, contribuer à les brouiller définitivement. On rappellera en particulier cette évidence : il n'y a pas de communication sans *feed back*, c'est-à-dire sans plusieurs aller-retour entre l'émetteur et le récepteur de l'information pour que chacun s'assure qu'elle a été convenablement reçue et comprise : l'information à sens unique, ce n'est en aucune sorte de la communication.

Pour construire dans ses équipes la confiance et veiller à son entretien, le manager ne peut évidemment pas se contenter d'une avalanche d'e-mails, de réunions en Power Point ni d'une consultation frénétique de son *blackberry* : il ne s'agit pas, bien sûr, de revenir au temps de la lampe à l'huile et de la marine à voile, mais, pour fortifier le lien de confiance, rien ne remplace la rencontre, avec son lot d'inconvénients : cela prend du temps, l'autre n'est pas toujours de votre avis, il peut avoir des choses à dire qui ne sont pas forcément plaisantes à entendre, peut-être même faudra-t-il en tenir compte ; mais c'est précisément cela qui rend si utile la communication. En outre, il y a pour le manager une obligation de « parler vrai » : ses collaborateurs peuvent aujourd'hui s'informer sur le monde entier et c'est parfois l'endroit où ils travaillent 7 heures par jour qui leur apparaît le plus opaque.

Ce qui est vrai pour le manager d'un service, l'est plus encore pour ceux de ses collaborateurs qui animent directement l'exécution : ne pas oublier de former ces niveaux d'encadrement à l'écoute soigneuse des acteurs de terrain. Attention, les nouvelles organisations sont parfois « décommunicantes » : ce peut être le cas, par exemple, d'une mauvaise mise en œuvre de l'organisation par processus. Il faut en outre être conscient d'un double paradoxe : trop de communication tue la communication ; plus une organisation est communicante, plus elle s'y habitue, et plus il remonte de la base « qu'il n'y a pas suffisamment de communication ». Il paraît que dans l'armée russe, on ne se plaint pas qu'il n'y ait pas assez de communication tant on est habitué à son absence.

Pour action :

Ne pas hésiter à retrouver le bon vieux « management by wandering around[1] » chère aux entreprises californiennes des années 1990 : prévoir systématiquement sur son agenda, à l'échelle de la semaine, de la quinzaine ou du mois, des temps de rencontre sur le terrain.

1. *Management by wandering around* : littéralement « le management par déambulation », une approche commune aux entreprises de pointe de la Silicone Valley à la fin du siècle dernier : savoir prévoir systématiquement du temps pour « tourner » dans les ateliers, les équipes de vente, les bureaux, sans autre objectif que de rencontrer les collaborateurs et d'être à l'écoute de leurs remarques, leurs peurs, leurs attentes, leurs suggestions.

■ *Clef 6 : Le management de la CRÉATIVITÉ*

On se rappelle ce joli mot du regretté Jean Choussat, ancien Directeur du Budget puis de l'APHP : « Dans l'Administration, une innovation, c'est une désobéissance qui a réussi, il ne faut pas se faire prendre par la patrouille ». Bien sûr, les mutations du monde ne permettent plus d'en rester à cet amusant et courtelinesque constat. Notre modeste France n'a dorénavant d'avenir au sein du concert des nations dominé par les grandes orgues des pays-continents que dans l'innovation permanente : faire sans cesse, autrement et mieux du service public, de l'entreprise, de l'éducation, de la santé, de la culture, etc. Et il ne faut pas uniquement compter sur des élites souvent très formatées pour produire en continu toutes les innovations nécessaires à notre survie : c'est, pour l'essentiel, sur le terrain et dans l'action quotidienne que surgissent les idées neuves pour « faire autrement et mieux » et parfois même autre chose. Et cela tombe plutôt bien tant nous est reconnue, comme un trait de caractère distinctif des Français, cette inventivité au ras du quotidien, cet esprit « Concours Lépine » qui nous conduit à imaginer des solutions originales à des problèmes techniques, pour peu que nous y trouvions du plaisir.

Mais l'innovation de terrain ne jaillit ni dans l'hyperstress ni dans les structures caporalisantes ni si l'on craint d'être totalement dépossédé de l'idée que l'on a eue ; il faut un climat de confiance pour qu'émergent les idées créatives des collaborateurs ; en outre, le constat d'un accueil favorable de ces idées, pour certaines de leur mise en œuvre effective, et de la valorisation de ceux qui les ont apportées, suscite une spirale de progrès propice au développement du climat de confiance, à son tour susceptible de générer de nouvelles innovations.

On maximise également les chances d'innovation collective quand le benchmark devient une culture partagée et donc si le manager favorise dans son service non seulement des attitudes d'écoute des suggestions du terrain, mais aussi d'ouverture aux idées venues d'ailleurs.

Rappelons également que si l'invention est souvent individuelle, l'innovation est toujours collective : on ne parle d'innovation que s'il y a mise en œuvre effective de l'idée neuve, ce qui suppose le plus souvent que plusieurs acteurs d'un même processus acceptent de changer leurs pratiques. Celui qui accepte de modifier ses propres modes de fonctionnement pour que puisse être mise en œuvre une innovation doit être valorisé autant que son inventeur. Et la confiance, ainsi, se propage de proche en proche.

Pour action :

Amorcer ou réamorcer le jaillissement des innovations de terrain en valorisant systématiquement chaque mois quelques propositions ou suggestions - même modestes - venues des échelons d'exécution et s'il n'est pas possible de les mettre actuellement en œuvre les faire au moins connaître pour qu'elles puissent nourrir le débat.

Clef 7 : Le management de la CONVIVIALITÉ

Philippe Détrie a remarquablement décrit dans son livre *La convivialité*[1] toute la richesse qu'apporte à l'entreprise un climat convivial

1. P. Détrie, *La convivialité*, Eyrolles, 2009.

et l'avantage comparatif dont elle bénéficie si, chez elle, « il fait bon travailler ». L'auteur est d'autant plus crédible qu'il a réussi à faire de sa propre entreprise, Inergie, une entreprise performante et joyeuse où l'on n'entend pas ces dialogues sinistres des débuts de semaine : « Comment ça va ? Comme un lundi ». L'association qu'il a en outre créée, « Le printemps de la convivialité » qui réunit des entreprises grandes et moyennes, des chercheurs et des enseignants connaît un tel succès qu'on peut, sans risque de se tromper, placer « la convivialité au sein de la vie professionnelle » sur le podium des valeurs qui vont être les plus recherchées, dans les années qui viennent, par les nouveaux entrants.

Parmi les multiples raisons que Philippe Détrie donne, dans son ouvrage riche et foisonnant d'exemples, nous en retiendrons deux qu'il illustre en citant deux de nos sociologues les plus reconnus. Le premier, Michel Maffesoli[1], souligne qu'aujourd'hui, « Beaucoup de salariés, surtout parmi les jeunes, n'ont plus de plan de carrière. Ils font leur choix en fonction d'autres paramètres : l'héliotropisme, l'ambiance de l'équipe, etc. Le dirigeant qui sait intégrer ces critères dans son management peut, dès lors, dégager une énergie fantastique ». Le second, Edgar Morin[2], nous rappelle que « la société fonctionne avec de la civilité. L'effacement de la courtoisie rend difficile le dialogue, la compréhension d'autrui. Il favorise les bousculades, grossièretés, insolences et finalement violences. La disparition du salut, l'effacement des signes traditionnels de politesse traduisent une dégradation des relations humaines ». Pour Philippe Détrie, qui constate que ces propos, portés sur la désintégration des solidarités traditionnelles, s'appliquent totalement à l'entreprise, c'est donc une des missions essentielles du manager que de

1. M. Maffesoli, *Le Réenchantement du monde*, La Table ronde, 2007.
2. É. Morin, *Le Figaro*, 20 et 21 juillet 2002.

développer le comportement convivial, un savoir-vivre ensemble où chacun peut se sentir considéré, reconnu, non discriminé et membre à part entière d'une équipe.

Autre nécessité d'un climat convivial, les contraintes économiques vont obliger toutes les organisations privées et publiques à accroître leur rigueur de gestion, ce qui, en général, n'incite personne à la rigolade. Ainsi, plus on accroît la rigueur de la gestion, plus il faut accroître la chaleur du management, et donc savoir rythmer de moments joyeux la vie collective. Mais c'est surtout la simplicité personnelle de chacun dans les rapports quotidiens qui permet l'émergence d'un climat convivial. Rappelons-le, parce qu'il s'agit d'un mal typiquement français : la supériorité hiérarchique ne fonde en rien une supériorité sociale. Un directeur peut être le supérieur d'un de ses contremaîtres mais tous deux demeurent socialement égaux. Dorénavant (et même si ce n'était pas forcément le cas hier) dès qu'on l'oublie, la confiance détale. Ce qui implique la réciprocité dans le ton que chacun emploie vis-à-vis de l'autre et non obligatoirement le style copain-copain : on connaît les aventures récentes d'un parti politique où tout le monde se tutoie et s'appelle « camarade » dans une ambiance de haines recuites et de coups tordus.

Pour action :

Consulter la bibliothèque des 200 actions conviviales repérées par l'Association du « Printemps de la convivialité ». (www.printempsdelaconvivialite.com)

■ *Clef 8 : Le management du CONTRAT SOCIAL*

Il n'y pas de confiance sans règles du jeu partagées de même qu'il n'y a pas de droits sans devoirs. Courtoisie, ponctualité, maîtrise de soi, respect de l'autre, acceptation des différences constituent un socle minimum hors duquel ne peut se construire de vie en société supportable. Soyons francs : beaucoup de jeunes entrants, dans nos organisations n'y ont été ni formés ni préparés. La plupart du temps, ils n'y sont pas pour grand-chose : personne ne les y sérieusement entraînés par ce « drilling » qui, dans le milieu familial et le système éducatif, permet peu à peu, de la petite enfance à l'âge adulte, d'en découvrir la nécessité et les vertus. En outre, l'ambiance sociétale a plutôt tendance à en minimiser l'importance : la revendication de droits y a une meilleure cote que l'apprentissage et l'exercice de devoirs. Sans jouer les pères fouettards mais sans excessive faiblesse, le manager est souvent contraint de rappeler et de faire respecter ces bases minimales du contrat social. C'est essentiel pour bâtir la confiance ; autrement, celle-ci devient un jeu de dupes.

Dans une autre acception, le management du contrat social consiste aussi à faire reconnaître par ces collaborateurs que les partenaires sociaux sont des acteurs de plein exercice de la vie de l'entreprise (*cf.* Chapitre 4), les considérer comme tels, parler et agir en conséquence sont des éléments essentiels de la constitution d'une ambiance de confiance. Le syndicalisme québécois, avec lequel l'un des auteurs de ce livre est plus familier, est évidemment plus fort et plus représentatif que notre syndicalisme français mais on peut espérer que celui-ci parviendra à surmonter ses divisions, son morcellement, son atomisation et à dépasser la seule défense des acquis pour permettre l'invention de nouvelles conquêtes. En tout cas, la pire façon de l'aider à évoluer c'est de le considérer, comme le font encore trop de managers, ou même de dirigeants, comme un corps étranger.

Pour action :

Indiquer clairement à tous les collaborateurs que les règles minimales du contrat social étant la condition sine qua non, d'un bon climat de travail, elles font partie à ce titre des critères importants d'évaluation de chacun ; dés les premiers manquements, rappeler individuellement, sans agressivité mais avec fermeté, que ces règles sont infrangibles.

■ *Clef 9 : Le management du CHANGEMENT*

À part les agités chroniques, les instables et les perpétuels insatisfaits, personne n'aime le changement permanent. Pour la plupart d'entre nous, nous sommes plutôt épris d'équilibre, de stabilité et d'homéostasie. C'est dire combien nous ne sommes pas spontanément volontaires pour accompagner ces évolutions qui transforment de plus en plus fréquemment nos organisations, en réponse à des environnements politiques, économiques et technologiques, eux-mêmes de plus en plus mouvants.

Ce qui est vrai pour chaque personne l'est encore plus pour un collectif : on se rappelle le Principe d'Archimède (« Tout changement plongé dans une société reçoit de celle-ci une poussée verticale inverse égale à la masse de son conservatisme ») ; changer ne nous est pas naturel et l'on ne peut amener une équipe ou une personne à embarquer dans un changement que si l'on a pu la convaincre que ce changement est essentiel, vital, inévitable (on ne devient acteur d'un changement que si l'on en comprend l'extrême nécessité et l'on traîne naturellement les pieds devant tout changement inexpliqué, surtout quand il est perçu comme une foucade de la hiérarchie ou la conséquence d'un effet de mode), et que l'on peut démontrer à chacun ce qu'il va y gagner ; donc un changement, ça se prépare, ça s'explique, ça prend en compte les peurs et les réticences et ça s'accompagne. La construction d'un climat de confiance et surtout son entretien sont à ce prix.

Notons aussi que les changements forts, les vraies ruptures dans la stratégie et/ou l'organisation peuvent constituer des occasions favorables pour tenter de faire muter le climat de travail quand celui-ci s'est peu à peu dégradé.

Pour action :

Un changement ça se prépare, ça s'explique, ça prend en compte les peurs et les réticences et ça s'accompagne.

■ *Clef 10 : Le management du COURAGE*

Il s'agit d'abord de manager le courage de ses collaborateurs. Ils ont tous leurs propres soucis personnels et professionnels, des capacités de résilience différentes, des ambitions, des envies et des peurs diverses. « Nous sommes tous des dissemblables » nous rappelle Edgar Morin. Mais l'un des rares points qu'ils peuvent avoir en commun, c'est le goût des petites victoires, celles, quotidiennes ou hebdomadaires, qui font prendre conscience de ce que l'on est reconnu, que l'on avance et qu'en dépit des difficultés, voire des échecs, que l'on progresse individuellement et collectivement. On contribue à bâtir la confiance en pratiquant – et en veillant à ce que ses principaux responsables de terrain pratiquent – ce management positif qui consiste à valoriser systématiquement ce qui va bien plutôt que de ne souligner toujours – et d'abord – que ce qui va mal.

Mais il s'agit aussi d'entretenir son propre courage ; bien sûr, celui de prendre des risques, d'affronter les crises, de progresser au travers de ses échecs, celui de rester entraînant malgré les vicissitudes de la route, mais surtout le courage de se remettre sans cesse en question pour progresser. En ce domaine, chacun peut se doter de sa propre grille de progrès. (Au Chapitre 6, on présente une grille de 12 Efforts personnels du manager, « la douzaine d'E », pour que ses comportements professionnels diffusent un esprit de confiance). On soulignera ici l'un des aspects particulier du courage, souvent peu évoqué, celui de savoir lâcher prise.

« À la force du poignet », on s'épuise vite. Vouloir tout contrôler, tout dominer, tout piloter, tout régenter, c'est souvent la meilleure façon d'aboutir au résultat inverse. Hyperstress et déprime sont en général au rendez-vous de ce type d'attitude. Le lâcher-prise consiste à savoir reprendre son souffle. Faire relâche, mettre en roue libre, flotter sur les événements quand on perçoit qu'on ne peut pas les dominer. Pour une personne, lâcher prise, c'est se déconnecter momentanément de l'action, cesser de vouloir « y arriver » coûte que coûte, prendre du champ, tenter de voir de plus loin, de plus haut, « laisser le temps au temps », adopter « l'hélicoptère attitude » chère aux Américains, c'est-à-dire s'élever au-dessus du sillon, quitte à y revenir après, pour apprécier l'effet qu'il donne dans l'ensemble du pré, s'évader du tropisme fatal de la course volontariste mais parfois stupide de la quête permanente du résultat. Rester sans cesse sur le dos de ses adjoints, c'est la meilleure manière d'évacuer chez eux la plus petite envie de prendre des décisions. C'est évidemment la meilleure occasion de bloquer dans son entreprise ou dans son service toute mise en œuvre du principe de subsidiarité et de déresponsabiliser tout le monde.

« Lâcher prise », c'est aussi apprendre à faire confiance, abandonner cette croyance imbécile, produit de notre vanité, que l'on peut s'en tirer tout seul, pire même, que l'honneur et le sens de sa responsabilité commandent que l'on ne compte que sur soi-même. L'ancien dirigeant de la CFDT, Jean Kaspar, a coutume de dire que « face à la complexité, la modestie devient révolutionnaire » : cette modestie postule que l'on accepte l'aide des autres, voire qu'on la recherche systématiquement, conscient de son absolue nécessité.

Pour action :

Pratiquer quotidiennement le management positif, s'inspirer personnellement de la grille des « 12 E » pour progresser et fortifier sa détermination, apprendre à pratiquer la modestie dans l'action, et parfois à savoir « lâcher prise ».

6.
Des outils pour que nos comportements personnels de managers propagent la confiance

« Les organisations ne sont plus bâties sur la force mais sur la confiance », affirmait Peter Drucker dans le dernier ouvrage[1] qu'il a laissé avant de nous quitter. Tous ceux qui dirigent ou ont dirigé des entreprises – c'est le cas des deux auteurs – savent que cette confiance dépend essentiellement de la double capacité personnelle des dirigeants et des managers à savoir susciter celle-ci mais aussi à savoir en faire preuve vis-à-vis de leurs collaborateurs. Et en ce domaine, comme le rappellent les études citées en référence dans l'introduction du présent ouvrage, il y a, chez nous, des efforts à faire.

Savoir susciter la confiance et savoir faire confiance, ce n'est pas à la portée de tout le monde. L'arrogance, la suffisance, la distance et, souvent, l'ignorance de la vie des autres rendent parfois certaines « élites » françaises incapables de réussir ce double mouvement de l'esprit et du cœur.

1. P. Drucker, *L'Avenir du management*, version française chez Pearson, 2007.

Le concept de *confiance* a un contenu fort : à mi-chemin entre la foi du charbonnier et la scepticisme systématique, « assez sûre pour qu'on fonde sur elle l'action pratique, la confiance est un état intermédiaire entre le savoir et le non-savoir sur autrui ; celui qui sait tout n'a pas besoin de faire confiance, celui qui ne sait rien ne peut raisonnablement même pas faire confiance »[1]. C'est une relation à l'autre (qu'il s'agisse d'une personne, d'un groupe ou d'une institution) qui m'amène à penser que je connais suffisamment celui-ci pour accepter d'affronter avec lui un risque, un danger, une incertitude avec de bonnes chances d'en sortir gagnant.

Pour ceux qui l'étudient, cette confiance revêt deux formes : la *confiance calculée* fondée sur une évaluation des qualités de l'autre (sérieux, respect de la parole, cohérence…) qui s'appuie sur des caractéristiques relativement objectives attribuées au partenaire (compétence, expérience, honnêteté, réputation) et la *confiance affective* qui traduit une composante relationnelle, un attachement émotionnel à l'autre (du fait de son ouverture d'esprit, de sa bienveillance, de son équanimité, voire de sa disponibilité généreuse.)[2] Il y aurait donc dans la confiance une composante rationnelle – l'appréciation de la *fiabilité* de l'autre – et une composante affective, une relation empathique suscitant la *foi* ; la première relevant d'une sorte d'estimation intuitive des compétences globales de l'autre, la seconde d'une adhésion à des caractéristiques de sa

1. G. Simmel, *in* « Sociologie ? Études sur les formes de la socialisation » (1908), PUF, 1999.
2. *Cf.* l'étude conduite par Brigitte Charles-Pauvers, Roland Depierre, Liu-Wei et Caroline Urbain, du Centre de Management International Franco-Chinois de l'Université de Nantes : « La confiance organisationnelle de jeunes diplômés français et chinois » 2008-11-02 et l'article de E. Campoy et V. Neveu : « Confiance et performance au travail » in *Revue Française de gestion*, vol. 175, 2007.

personnalité ; chacun de ces deux éléments étant nécessaire pour que naisse un sentiment de confiance mais aucun n'étant seul suffisant.

Ainsi, pour être capable de faire confiance à autrui, il faut avoir du *discernement* pour pouvoir apprécier les qualités objectives de celui-ci, ses compétences, son sérieux, sa *fiabilité* et nourrir ainsi sa propre *confiance calculée* ; mais il faut aussi être doté de vraies qualités d'*empathie*, d'ouverture aux autres, d'une aptitude à porter sur eux un regard positif et optimiste afin que s'amorce la *confiance affective,* cette relation de *foi* en l'autre. Le tableau suivant caricature quatre positions qui se lisent ainsi : doté d'une capacité d'analyse réduite et fermé sur soi-même, on vit en *défiance systématique* ; *la méfiance vis-à-vis d'autrui* permanente est souvent présente chez ceux qui ont de bonnes capacités de discernement mais dont la faible propension à l'ouverture les conduit à penser que, des autres, on ne peut rien attendre de bon. Sans capacités de discernement et trop systématiquement empathique, on succombe vite à *la crédulité*, *la confiance aveugle* ; ne peut accorder une *confiance intelligente* que celui qui sait apprécier le potentiel de l'autre et entrer en résonance avec sa personnalité.

Capacité d'*empathie* +

Confiance aveugle **–**	**Confiance intelligente** ***Discernement* +**
Défiance systématique	**Méfiance vis-à-vis d'autrui** **–**

D'autre part, chacun dispose de plus ou moins de compétences à même de susciter la *confiance calculée* d'autrui et de plus ou moins de charisme à même de susciter sa *confiance affective*. Le tableau ci-dessous décrit d'une façon rustique, quatre types de personnage plus ou moins capables de susciter la confiance chez les autres : le démuni qui, faute de compétences et de charisme ne déclenche ni *la confiance calculée* ni la *confiance affective* : personne ne lui fait confiance ; le fort en thème, l'expert gris, compétent mais sans lumière qui ne sait pas créer le déclic de la *confiance affective* ; le séducteur limité qui sait créer du lien, de l'animation mais dont on mesure vite qu'il n'a pas de contenu ; affectivement, on apprécie son tonus dynamique mais faute de compétences avérées, il ne suscite pas la confiance. Et puis il y a l'inducteur de confiance, celui qui, par ses compétences et son ouverture, son « plus » de lumière, amène autrui à penser qu'il est *fiable* et que l'on a envie d'avoir *foi* en lui.

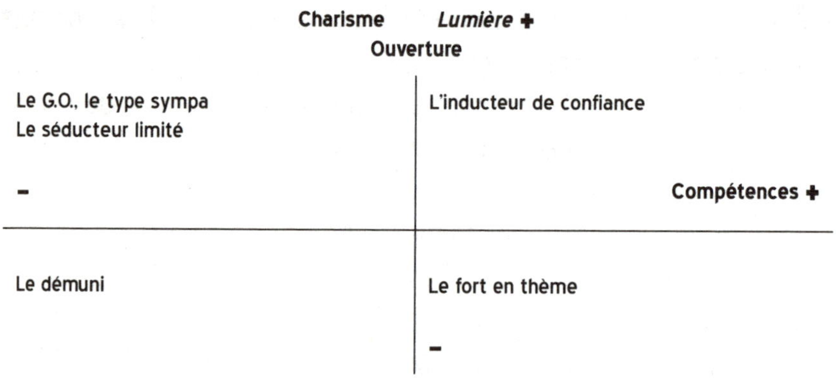

Qu'il s'agisse d'être capable de faire confiance ou de la susciter, cela suppose toujours – que l'on soit dirigeant ou manager – un travail sur soi-même. Comme nous sommes tous différents et que chacun, en ces domaines, a ses propres atouts et ses propres lacunes, il n'existe évidemment pas de grille de progrès standard.

À chacun de bâtir la sienne. Parce qu'elle a été présentée depuis dix ans à plus de 5 000 dirigeants et managers du secteur public et du secteur privé et qu'un grand nombre de ceux-ci s'en sont appropriés des éléments clefs pour étalonner leurs propres progrès, voici la grille personnelle de l'un des auteurs. Elle résume les points essentiels sur lesquels il doit faire des efforts, dans ses comportements professionnels, pour diffuser un esprit de confiance au sein des organisations où il exerce des responsabilités. On aura compris qu'il ne s'agit pas de ses points forts mais au contraire de ceux dont il a pu découvrir dans l'action qu'il nécessitait de sa part de sérieux progrès.

Il est apparu qu'il devait faire au moins douze Efforts sur lui-même (douze petits pas quotidiens). Il s'est donc efforcé de choisir 12 substantifs commençant tous par un E dans le seul souci de pouvoir, en permanence, se souvenir de leur nature. Sa « douzaine d'E », sa douzaine d'Efforts quotidiens, est donc devenue la modeste omelette qu'il tente chaque jour de grignoter pour cheminer, à son pas, sur le chemin de son progrès personnel, de sa capacité à savoir mieux faire confiance et mieux la susciter et la maintenir. Pour que cette grille soit plus opérationnelle, cette « douzaine d'E » est séparée en quatre tas égaux : trois efforts concernent l'animation des équipes (Étoile, Enthousiasme, Ensemble), trois efforts l'amélioration des relations interpersonnelles (Écoute, Équité, Éducation), trois efforts la conduite de l'action (Éveil, Endurance, Évaluation), trois efforts la périlleuse gestion de soi-même (Équilibre, Éthique Exemplarité).

• La douzaine d'E

■ *Trois efforts personnels pour améliorer l'animation des équipes*

Étoile

Le mythique Jack Welsh, évoquant son action à la tête de General Electric, affirmait qu'il avait connu dans cette entreprise quatre catégories de managers : le premier groupe, d'une part, circulait sur le terrain pour rappeler fréquemment aux collaborateurs « l'étoile », c'est-à-dire ce que l'on essayait de faire ensemble, en partageant quelles valeurs et en quoi cela était relié aux objectifs immédiats du service ; d'autre part ces managers atteignaient convenablement leurs objectifs ; Welsh disait veiller personnellement à ce que ceux-là soient assurés d'avoir une belle carrière chez GE. Le second groupe était celui des managers qui étaient réellement soucieux de transmettre et de rappeler « l'étoile » mais qui atteignaient imparfaitement leurs objectifs ; moyennant formation, soutien et ajustement de leurs objectifs, ceux-là aussi devaient pouvoir progresser chez GE, estimait Welsh, puisqu'ils assumaient l'essentiel de la fonction managériale qui consiste à donner du sens. Les managers du troisième groupe atteignaient leurs objectifs mais ne se souciaient aucunement de transmettre « l'étoile », considérant que c'était « une histoire de cœur vaillant et du temps perdu » ; ceux-là, Welsh affirmait les mettre sur la touche car ce n'était pas de vrais managers. Quant au dernier groupe, celui des responsables qui n'assuraient ni l'obtention des objectifs ni la transmission de « l'étoile », Welsh veillait à ce que l'on identifie ceux qui les avaient recrutés, car c'était ceux-là qu'il fallait dorénavant empêcher de nuire.

Dès qu'on est manager, on a un « devoir d'étoile » pour permettre aux collaborateurs de transcender le gris du quotidien. Bien sûr, il y a le respect du client, des délais, de la qualité, des coûts, des objectifs...Tout cela est naturellement essentiel mais insuffisant pour transformer une pyramide d'employés, aux tâches prédéterminées par des ordres, en un réseau d'intelligences libres et interactives polarisées par du sens qui les mobilise. À nous de dégager une finalité d'une génération supérieure et l'intérêt, si minime soit-il, que chaque collaborateur pourrait trouver à sa poursuite collective (ne serait-ce qu'une amélioration de sa propre employabilité, l'occasion de se socialiser mieux avec d'autres acteurs, l'opportunité d'innover, voire le plaisir de meubler plus intelligemment son temps de travail ou de contribuer à relever un défi original).

On ne peut établir, *a priori*, une bonne liste d'étoiles. Tout au plus peut-on évoquer quelques-unes de leurs caractéristiques :

- ✔ elles doivent parler à ce qu'il y a de généreux en nous : créer de la richesse pour ceux qui en ont besoin, produire du développement durable, participer au développement local, lutter contre l'exclusion, promouvoir des valeurs socio-culturelles qui nous semblent libératrice (par ex. : réduire la pénurie, permettre à des personnes d'accéder à l'autonomie, diminuer des risques)...
- ✔ elles peuvent parler à nos exigences éthiques et esthétiques : produire de la beauté, de la santé, de la qualité de vie, une société plus respectueuse de la liberté des choix...
- ✔ elles peuvent parler au rêve : devenir mondiaux, inventer l'avenir, devenir la référence des organisations de demain, devenir un générateur permanent d'innovation...

L'étoile peut seule polariser nos diversités, nous conduire à dépasser les spécificités parfois irréductibles de nos attentes, les divergences de nos projets personnels, les contradictions de nos systèmes de valeurs.

Question opérationnelle :
Moi, dirigeant ou manager, est-ce que j'essaie d'imposer mon sens, ma vision, ou de faire émerger une perspective commune, une ambition qui nous fédère et conjugue ce qu'il y a de meilleur en nous pour nous porter ensemble plus loin que nos différences, sans pour autant les nier ?

Enthousiasme

« Les Grecs nous ont légué le plus beau mot de notre langue : le mot *enthousiasme* – du grec *en theo* – quand nous voici transportés par notre dieu intérieur », disait Louis Pasteur. Soyons francs, quand nous arrivons, chaque matin, à notre travail, notre dieu intérieur est souvent aux abonnés absents. Les soucis familiaux, les inquiétudes professionnelles, les problèmes personnels, une mauvaise nuit peut-être, tout cela se conjugue pour que – dirigeant ou manager – on nous voit entrer, le visage fermé, faussement égayé par le strict minimum des relations de politesse, voire ce maigre humour de bureau qui n'amuse plus vraiment personne. Or, nos adjoints et chacun des collaborateurs, jusqu'au plus modeste, a ses propres soucis familiaux, personnels, professionnels et, parfois, ses mauvaises nuits. Si ce n'est pas nous qui, chaque jour, « amorçons la pompe » du dynamisme positif, il y a peu de chance que se crée une ambiance propice à la multiplication confiante et féconde des intelligences. Comme le disait Christian Lemoine : « Un leader, ça importe de l'angoisse et ça exporte de l'énergie » ; un dirigeant, un manager, c'est payé pour donner du souffle ; chaque matin « c'est à nous d'allumer la première lumière » ; ça fait partie du job. La confiance collective est à ce prix.

Quand on parvient, par son propre enthousiasme, à amorcer l'enthousiasme des autres, on déclenche une dynamique qui trouve sa propre autonomie. Encore faut-il être attentif à déceler et à mettre en évidence les résultats heureux qui en découlent, les initiatives et les innovations collectives ainsi produites... Il ne faut pas surestimer sa propre capacité à insuffler tout seul toute l'énergie nécessaire à la vitalisation quotidienne d'un réseau. Aussi faut-il veiller à repérer dans le réseau les « relais d'optimisme », les « porteurs de dynamisme », les « connecteurs d'énergie »...

Question opérationnelle :

Moi, dirigeant ou manager, est-ce que, chaque jour, je me donne vraiment le mal d'être un donneur de souffle ? Est-ce que je cherche autour de moi des relais d'optimisme ?

Ensemble

Dans l'organisation pyramidale, fayolienne et taylorienne d'hier, il fallait placer aux postes de responsabilités des hommes de pouvoir, techniquement compétents, capables d'émettre des ordres clairs et d'envoyer des bataillons de petits chefs vérifier que, partout, ces ordres avaient été respectés.

Dans l'organisation en réseau, par équipes, par processus, par projets, ce sont ceux qui savent faire travailler les acteurs entre eux, maximiser leurs synergies, multiplier leurs échanges qui doivent faire prime. Ne nommons jamais à un poste de responsabilité quelqu'un qui ne sait pas faire travailler ses collaborateurs ensemble, en confiance, surtout s'il est brillant : il risque de vouloir faire le travail tout seul et, à l'époque des réseaux, ce n'est plus le sujet.

Stephen M.R. Covey[1] nous le rappelle :
« L'équation de base en management est : S × E = R

Stratégie (qualité de ce que je veux obtenir) × **Exécution** (qualité de la réalisation) = **Résultats** (qualité et coûts de ce qui est produit). Mais, ajoute-t-il, « il existe une variable cachée dans cette équation : la confiance, qu'il s'agisse du coût d'une confiance basse qui fait chuter le résultat ou des dividendes d'une confiance élevée qui, au contraire, le fait grimper ».

Ces dividendes de la confiance, on les connaît, ce sont tous ces « + » qu'apporte une équipe en confiance : créativité des acteurs, mise en commun des bonnes pratiques, rapidité de réalisation, efficacité des retours d'expérience, apport de benchmark... Les coûts cachés de la défiance sont aussi facilement identifiables : ils s'appellent passivité, rétention de l'information, mésententes entre services et entre collègues, absentéisme...Rien de tel pour alourdir ces coûts cachés que le ridicule « diviser pour régner », les jalousies de prés carrés, les préséances hiérarchiques, les vanités de corps, d'écoles, de titres ou de métiers, tout ce qui freine ou bloque des communications fluides et des coopérations efficaces.

Si l'on est dirigeant, faire en sorte que ses services coopèrent, et, si l'on est manager veiller à ce que ses collaborateurs œuvrent ensemble, ce doit être un souci permanent que l'auteur des « 12 E » a presque toujours eu tendance à oublier tant il a été marqué par le modèle français qui privilégie les personnalités brillantes qui dominent le lot plutôt que les modestes qui cherchent à contribuer.

---

1. S. M. R. Covey, *Le Pouvoir de la confiance*, First, Paris, 2009.

Question opérationnelle :
Et moi, dirigeant ou manager,est-ce que je recherche vraiment la coopération, la collaboration dans le travail et l'amélioration de la performance collective par chacun ? Est-ce que je place bien aux postes de responsabilités des personnes qui savent faire travailler leurs collaborateurs ensemble et leur service avec les autres services?

■ *Trois efforts personnels pour améliorer ma relation interpersonnelle*

Écoute

John Sculey, qui fut en son temps l'un des grands dirigeants de Apple, disait qu'il n'en était pas le *Chief Executive Officer*, mais le *Chief Listener Officer*, l'écouteur chef ; pour ce faire, il se ménageait sur son agenda des temps d'écoute soit pour rencontrer longuement dans son bureau un de ses collaborateurs, soit pour les écouter par petits groupes à l'occasion de petits déjeuners, soit en pratiquant systématiquement à travers bureaux et centres de production le *management by wandering around*, ce management par déambulation évoqué précédemment. Déjà à l'époque, il soulignait combien cette écoute était laborieuse. Elle supposait beaucoup d'attention portée à la personne, un effort réel pour décrypter ses non-dits, ses attitudes, son regard, sa gestuelle, ses plaisanteries, ce qu'elle essayait véritablement de dire, parfois à contre-pied de ses propos formels.

Aujourd'hui, dans le climat ambiant du « chacun pour soi » et de la dérision, il est encore plus difficile qu'hier de faire percevoir que cette écoute est sincère et non manipulatoire ; en outre, dans ce monde de la compétition mondiale et d'une économie financière fonctionnant à la nano seconde, nous avons toujours le sentiment que l'écoute, c'est du temps perdu. Et pourtant l'écoute, c'est le premier carburant de la confiance. Elle est essentielle à son amorçage et à son entretien. Donc elle est dorénavant au cœur de la performance si l'on se rappelle la nouvelle équation déjà évoquée plus haut et par laquelle Jean-Paul Fitoussi caractérise la mutation de l'économie de l'intelligence : Capital × Travail × Confiance = Résultats.

Notons que l'écoute est d'autant plus féconde, et d'autant mieux acceptée, qu'elle se situe dans un milieu où elle semble pouvoir servir à quelque chose parce qu'elle fait partie de la culture de l'entreprise et qu'elle n'apparaît pas comme soudainement plaquée sur des pratiques habituelles de surdité hiérarchique. Faute de quoi, elle peut susciter d'abord la méfiance : « Pourquoi m'écoute-t-on alors qu'on ne m'a jamais écouté ? Qu'est-ce qu'ils mijotent encore là-haut ? ». Donc l'écoute, ça se prépare de telle sorte que « l'écouté » puisse penser, à bon droit, que ce qu'il dit peut avoir un peu d'utilité.

Question opérationnelle :
Et moi, dirigeant ou manager, est-ce que je prends le temps de l'écoute et, surtout, est-ce que je fais ce qu'il faut pour rendre mon écoute crédible et que l'autre ne se dise pas, comme c'est si souvent le cas : « Tiens en voilà encore un qui fait comme s'il m'écoutait » ?

Équité

L'égalité, c'est « la même chose pour tout le monde » ; l'équité, c'est « à chacun selon ce qu'il pense sincèrement avoir apporté ». L'égalité renvoie à un monde rationnel, géométrique et objectif, celui du contrat de travail, des grilles de rémunération, des augmentations indiciaires. L'équité, elle, tient compte de la diversité irréductible des personnes, de leurs subjectivités et de leurs potentialités totalement et définitivement incomparables, bref, de leur humanité. L'égalité joue un rôle irremplaçable dans le cadre des relations rustiques mais essentielles de la vie institutionnelle en société : égalité devant la loi, égalité de salaires à identité de place sur la grille, poids identique des voix de chaque citoyen dans une élection, etc. Mais l'équité est également importante pour la constitution et le maintien de la confiance : que chacun puisse se sentir apprécié pour l'effort réel qu'il a le sentiment d'avoir produit, l'intensité de son implication telle qu'il la perçoit, et non uniquement sur le résultat visible de son action. Il s'agit de la subtile reconnaissance des différences : à égalité de performance objective obtenue, le mérite de chacun ne doit pas être confondu et le plus modeste doit donc être aussi bien, et parfois même, mieux reconnu que le plus talentueux. Cela suppose, bien, sûr beaucoup d'écoute, faute de quoi, on est tout à fait incapable de déceler chez ses propres collaborateurs ces éléments subjectifs. Une bonne part de ce que l'on appelle aujourd'hui la souffrance au travail provient de ce sentiment que les efforts que l'on a faits, dans son activité professionnelle, ne sont ni vus ni reconnus et que seuls sont appréciés, dans l'entreprise, les résultats visibles et, plus encore, les collaborateurs qui savent se les approprier avec brio.

Question opérationnelle :

Et moi, dirigeant ou manager, est-ce que je me donne le mal de dépasser la confortable égalité institutionnelle pour m'efforcer d'être équitable, c'est-à-dire de comprendre l'autre, son système de valeur, la perception personnelle qu'il a de sa contribution ?

Éducation

On connaît la double racine qu'Albert Jacquart donne au verbe *éduquer* : selon lui, ce mot vient de *educare* (nourrir, transmettre) et de *exducere* (conduire l'autre en dehors de mes chemins). En tant que dirigeants ou managers, nous assurons en général convenablement la première fonction, l'*educare* : nous transmettons les orientations, les règles du jeu et les méthodes, nous veillons, via la formation ou le compagnonnage, à ce que les savoirs et les savoir-faire nécessaires à la tenue d'un poste soient acquis, mis à jour et maîtrisés et à fortifier les compétences collectives. Nous ne sommes pas toujours aussi attentifs à pratiquer l'*exducere* pour aider chaque collaborateur à trouver sa propre autonomie, à se révéler à lui-même ses propres forces, à prendre confiance dans ses propres capacités créatrices. C'est naturellement l'intérêt de l'entreprise que de pouvoir bénéficier de collaborateurs « déformatés », déconditionnés et capables d'une pensée libre : on le sait, l'innovation est dorénavant vitale pour l'entreprise et une armée de clones n'innovera jamais. Mais surtout, l'*exducere* permet à chacun de découvrir que, dans son activité professionnelle, il grandit : et l'on a plus confiance dans une organisation qui vous fait grandir, une organisation apprenante.

Question opérationnelle :

Moi, dirigeant ou manager, en ce qui me concerne, est-ce que je sais dépenser du temps à « l'exducere », c'est-à-dire à aider ceux dont j'ai la responsabilité à conquérir leur propre liberté, à déceler leurs propres forces, à prendre confiance dans leurs propres capacités d'initiative ?

■ *Trois efforts personnels pour améliorer la conduite de l'action*

Éveil

Le temps est au brouillard, nous avons un devoir d'éveil. Bien sûr, c'est d'abord pour pouvoir répondre aux questions clefs que se pose en permanence chaque dirigeant :

- ✔ Qu'est-ce qui constitue aujourd'hui mon cœur de métier ?
- ✔ Qui sont réellement mes clients ?
- ✔ Qui sont réellement mes concurrents ?
- ✔ Quel est mon actuel arbitrage entre rentabilité à court terme et développement dans la durée ?
- ✔ Qu'est-ce qui constitue réellement mon avantage compétitif ?
- ✔ Quelles sont celles de mes macro-compétences sur lesquelles je dois d'abord investir ?
- ✔ Quelles sont les techniques qui me manquent ou dans la maîtrise desquelles je n'ai pas le niveau nécessaire ?
- ✔ Avec qui devrais-je faire alliance et pourquoi ? Etc.

Mais être en éveil, c'est aussi nécessaire pour pouvoir transformer les hasards qui passent en opportunité : on se rappelle la phrase de Pasteur : « Le hasard ne favorise que les esprits préparés », c'est la base même de l'approche stratégique.

Être en éveil, cela concerne aussi l'intérieur de l'entreprise ou du service afin d'y déceler les signaux faibles révélant une ambiance qui se dégrade, des collaborateurs essentiels pour la vie de l'entreprise qui se retirent peu à peu du jeu et s'impliquent de moins en moins, une croissance de l'absentéisme et du nombre d'arrêts-maladie, etc. Il a fallu vingt-cinq suicides pour que la Direction d'une des plus grandes entreprises françaises découvre que la défiance généralisée de tout le personnel à son égard et à l'égard du management était devenue sa plus grande fragilité et le plus grand handicap au développement de son activité .

Question opérationnelle :
Moi, dirigeant ou manager, suis-je attentif aux signaux faibles qui indiquent une dégradation de la confiance collective de mes collaborateurs et est-ce que je me dote des outils qui peuvent nourrir cette attention (tableau de bord RH, analyse d'incidents critiques, questionnaire annuel d'évaluation...) ?

Endurance

L'endurance, c'est l'aptitude à transformer les échecs en expérience et à s'en fortifier ; autrement dit, l'expérience, c'est la somme des échecs assumés et transcendés. Dans l'entreprise, la confiance, ce n'est pas une destination, c'est un voyage. Bâtir une confiance collective, l'entretenir, tenter de la relancer quand elle s'affaiblit ou qu'elle disparaît, c'est une route sans fin où les pannes, les crevaisons et les incidents de parcours risquent d'être nombreux. Comme disait Alphonse Allais : « En voilà des sales types, les gens ! » ; nos meilleures intentions peuvent se révéler contre productives car la richesse de toute personne comme de tout groupe humain rend leurs réactions parfois imprévisibles et reconnaissons, en outre, que le climat général de la société d'aujourd'hui ne pousse guère les différents acteurs à faire confiance d'autant plus que notre culture française – on l'a vu dans les diverses enquêtes évoquées au début de ce livre – nous prédispose plutôt à la défiance ou à la méfiance généralisée.

Mais la bataille de la confiance est à ce point essentielle pour que nos performances soient à la hauteur d'une compétition mondialisée qu'il nous faut être endurants et sans cesse la relancer : d'où la multiplicité et la variété des outils proposés dans ce livre et qui ont tous connus, avec succès, l'épreuve du feu. Comme sur la route qui conduit vers une confiance collective accrue, les incidents de parcours ou les cahots risquent d'être nombreux, il ne faut évidemment pas s'y embarquer tout seul mais associer à l'aventure un équipage convaincu, qu'il s'agisse de membres du comité de direction ou de relais dynamiques au divers niveaux de l'organisation.

Question opérationnelle :
Dans la construction et l'entretien d'un climat de confiance au sein de mon entreprise ou de mon service, est-ce que moi, dirigeant ou manager, je sais dépasser les difficultés rencontrées, en tirer des leçons pour corriger le tir et surtout m'entourer de responsables convaincus de l'utilité de la démarche ?

Évaluation

Plus l'environnement au sein duquel on agit est complexe, évolutif, changeant, plus il devient nécessaire d'être prodigieusement attentif aux incidences de ses propres décisions. Évaluer, c'est presque le contraire de contrôler. Contrôler, c'est vérifier que l'action s'est passée comme prévu dans un environnement supposé identique à celui qui avait justifié la décision d'agir ; et d'autre part détecter les éventuelles erreurs une fois celles-ci commises. Évaluer, c'est, en temps réel, piloter l'action pour l'adapter, en continu, à un environnement dont on sait qu'il va évoluer, à la fois parce qu'il est lui-même mobile, et aussi parce que l'action décidée va dynamiquement, et sans que l'on sache comment, modifier le contexte. Évaluer, c'est une disposition de l'esprit qui porte à considérer que prendre une décision et la mettre en œuvre ne sont que l'amorce d'un processus, presque la moins importante, et que ce qui compte, c'est le pilotage soigneux, des évolutions induites aux sillages parfois imprévisibles. Évaluer c'est passer du *contrôle* à la française (considérant que le monde est stable, on vérifie que l'arc a bien tiré la flèche et que la cible a bien été atteinte) au *control* à l'anglo-saxonne (dans un contexte mouvant, on ajuste en continu le cours de la flèche et la place de la cible) : il s'agit d'un accompagnement permanent de l'action visant à l'enrichir en permanence non seulement d'une perception de son propre effet sur son environnement mais aussi d'une vision dynamique de l'évolution de celui-ci.

On imagine bien que les diverses démarches qu'évoque ce livre et qui visent à ranimer et à fortifier la confiance collective ne sont pas neutres : elles modifient les environnements dans lesquelles elles sont mises en œuvre et à leur tour sont modifiées par ceux-ci. C'est le phénomène de récursivité décrit au chapitre 7. Évaluer, c'est être attentif à ces interactions pour en apprécier les sillages et s'efforcer d'en piloter finement les résultantes pour quelles soient positives et favorisent au mieux le but recherché : l'accroissement de la confiance collective.

Question opérationnelle :
Moi, dirigeant ou manager, lorsque je lance des actions de changement, singulièrement pour fortifier la confiance collective, est-ce que je sais passer d'une attitude de **contrôle** à une attitude de **control** (prise en compte des sillages induits, correction de trajectoires, utilisation des effets inattendus...) ?

■ *Trois efforts personnels pour améliorer la gestion de moi-même*

Équilibre

On ne peut pas faire confiance à quelqu'un qui n'est pas digne de confiance : et n'est pas digne de confiance quelqu'un qui a réduit tout le champ de sa vie à sa vie professionnelle. On en connaît de ces dirigeants qui ne voient plus que leur entreprise et ont définitivement occulté toutes les autres dimensions de l'existence, l'amour, l'amitié, la vie familiale, l'art, la cité, le bénévolat, la spiritualité, bref le vrai cœur de la vie. Toutes ces prothèses électroniques dont nous nous sommes dotés (blackberry, téléphone mobile, portable...) favorisent cette fixation monomaniaque sur notre vie professionnelle, un enfermement qui nous rend de plus en plus incapables de comprendre ceux qui sont restés dans la vraie vie, celle où l'activité professionnelle constitue une part importante et utile de l'existence mais ne saurait en devenir le centre. Pour être susceptible de susciter la confiance il me faut équilibrer mon « portefeuille d'activité » et parvenir à ne pas devenir un simple « polar » du boulot.

Cette recherche de l'équilibre ne va pas forcément de soi. C'est une conquête permanente, une lutte courageuse et consciente contre l'envahissement naturel de sa vie par le champ du travail, contre cette fuite si commode vers l'activisme professionnel qui offre bien des séductions perverses et d'abord, la plus dangereuse d'entre elles, celle qui nous fait croire qu nous sommes justifiés par notre fatigue et que le boulot légitime notre vie et le temps qu'on y passe parce que le boulot, « c'est sérieux ». Comme si l'amour, l'art et la spiritualité ne l'étaient pas ! On ne peut faire confiance qu'à un *vivant,* et un vivant, c'est équilibré.

Question opérationnelle :
Moi, dirigeant ou manager, est-ce que je veux et est-ce que je sais équilibrer mon « portefeuille d'activités » (professionnelle, familiale, civique, artistique, éducative, de remise en forme, spirituelle...) pour demeurer un vivant susceptible de susciter la confiance ?

Éthique

On ne peut guère aider ses collaborateurs à trouver du sens à leur vie professionnelle si soi-même on est dépourvu de sens et que ceux-ci nous voient comme un simple « lapin Duracell » monté sur piles et réductible à notre simple titre hiérarchique et à nos compétences professionnelles. En outre, si l'on n'est pas animé par des valeurs fortes qui nourrissent notre propre discernement, on est bien en peine pour décider, parmi tant de contraintes également importantes mais le plus souvent contradictoires, les meilleurs *trade off* qui permettent à l'entreprise d'avancer : quand il faut à la fois respecter le droit du travail, les attentes des salariés, la qualité pour le client, le droit des actionnaires à la rémunération de l'argent risqué, le droit des riverains de l'entreprise à la préservation de l'environnement, les multiples engagements sociaux et fiscaux, les normes européennes , les diverses législations locales dés que l'on sort des frontières... le dirigeant se trouve le plus souvent confronté à la quadrature du cercle. C'est ce à quoi il croit au fond de lui-même qui lui permet d'opérer des arbitrages.

En fait, quand on est homme ou femme d'action, l'éthique est au cœur du management de soi-même, non comme une table de la loi à laquelle on pourrait se référer pour savoir immanquablement ce qu'il convient de faire mais comme la trame même du débat interne que nous menons sans cesse avec nous-même et qui doit nourrir notre discernement. Dès que l'on commence à évacuer cette dimension de nos choix, on entre vite dans une logique utilitariste et technocratique où les moyens se transforment en fins, dans un monde sans âme mais surtout sans queue ni tête où l'action devient sa propre finalité et finit par dévorer la conscience de l'acteur lui-même. Et, bien sûr, ça se voit : et la confiance collective a peu de chance d'être au rendez-vous.

Question opérationnelle :
Moi, dirigeant ou manager, est-ce que je me préoccupe de clarifier ce à quoi je crois ? Est-ce que cela nourrit mon propre débat interne en amont de la décision ? En fait, est-ce que cela oriente mes conduites ?

Exemplarité

La civilisation médiatique nous gorge d'images, de discours et de mots : depuis Timisoara, nous savons que les images peuvent mentir, depuis Charles Pasqua que « les promesses n'engagent que ceux qui les entendent », depuis Wikipedia que les encyclopédies d'aujourd'hui mêlent sournoisement le vrai et le faux. Bref, nous prenons aujourd'hui l'information avec des pincettes : on la reçoit mais on ne la gobe plus et l'amusant « Assez d'actes, des mots ! » qu'hurlaient les murs de 1968 paraît aujourd'hui bien anachronique. Dorénavant, seuls les actes parlent et peuvent convaincre.

C'est notre exemplarité, c'est-à-dire cette volonté d'être toujours le premier démonstrateur des efforts et des nombreux comportements que l'on attend des autres, qui sera notre meilleur outil de communication, notre principale force de conviction, notre discours le plus efficace. Dans la mise en œuvre d'une démarche d'amélioration de la confiance collective, cela suppose que le manager imagine et sache poser quelques actes symboliques qui manifestent visiblement la confiance qu'il accorde à ses collaborateurs et sa détermination à être le premier de cordée de cette difficile ascension dans laquelle il s'efforcera sans cesse de donner l'exemple

Question opérationnelle :
Moi, dirigeant ou manager, quel acte symbolique puis-je imaginer et poser pour rendre visible et crédible ma détermination à faire muter le climat général de l'entreprise et à accroître la confiance, la confiance, la confiance, en interne, entre les acteurs et, à l'externe, avec les autres porteurs d'enjeux ?

Rappelons-le : cette grille de progrès des « 12 E » n'est donnée ici qu'à titre indicatif ; elle est celle que s'est composée l'un des auteurs du présent livre pour tenter de corriger ses propres lacunes de dirigeant. Chacun a les siennes, donc à chacun d'élaborer sa propre grille de progrès. Mais certains de ces E peuvent avoir une portée plus générale et se retrouver dans la grille de nombreux responsables.

Partie III

Confiance et niveau intégratif
Des outils pour structurer l'entreprise et piloter le changement

7. Des outils pour rendre nos organisations porteuses de confiance

Sandra Enlart, Directrice d'Entreprise et Personnel, vient de rappeler avec force et talent dans *Le Monde*[1] qu'il est parfaitement stupide d'attendre des performances remarquables qui nous permettent de rester compétitifs dans l'économie mondialisée avec le type d'organisation que tant d'entreprises ont mis en place en leur sein depuis une quinzaine d'années. La conjonction malheureuse de la tyrannie du résultat à court terme liée à la financiarisation des entreprises, de la réduction du temps de travail (les meilleures intentions venant à contre-temps peuvent produire des catastrophes) et de schémas de production informatiques pseudo-rationnels de type ERP a chassé de nos espaces de travail le temps de vivre, la parole libre et vraie, le respect des personnes et a profondément déshumanisé nos relations professionnelles.

Nous sommes quelques-uns à le hurler dans le désert : certaines de ces organisations sont ineptes parce qu'elles rétrécissent les

1. S. Enlart, « Il est urgent de redéfinir un contrat social », *Le Monde* du 19 décembre 2009.

talents en les formatant dans des schémas prédéfinis et appauvrissants au lieu d'inventer sans cesse la meilleure manière de leur permettre de s'entre enrichir, de se développer et de se multiplier autour d'objectifs partagés .On est en train de passer d'un taylorisme des tâches à un taylorisme de l'information. Or, comme le rappelle souvent Sandra Enlart « l'information n'est pas la connaissance, la réception de l'information n'est pas son traitement et la circulation de l'information n'est pas son partage » et nos organisations, au sens propre, deviennent de plus en plus bêtes. Ce n'est pas avec des personnes robotisées que l'on produit des bonnes performances. C'est d'ailleurs un miracle que les nôtres ne soient pas plus mauvaises ; mais c'est dû à la qualité des personnes qui parviennent à compenser la si fréquente médiocrité des organisations. Étonnons-nous après cela de la montée de la souffrance au travail !

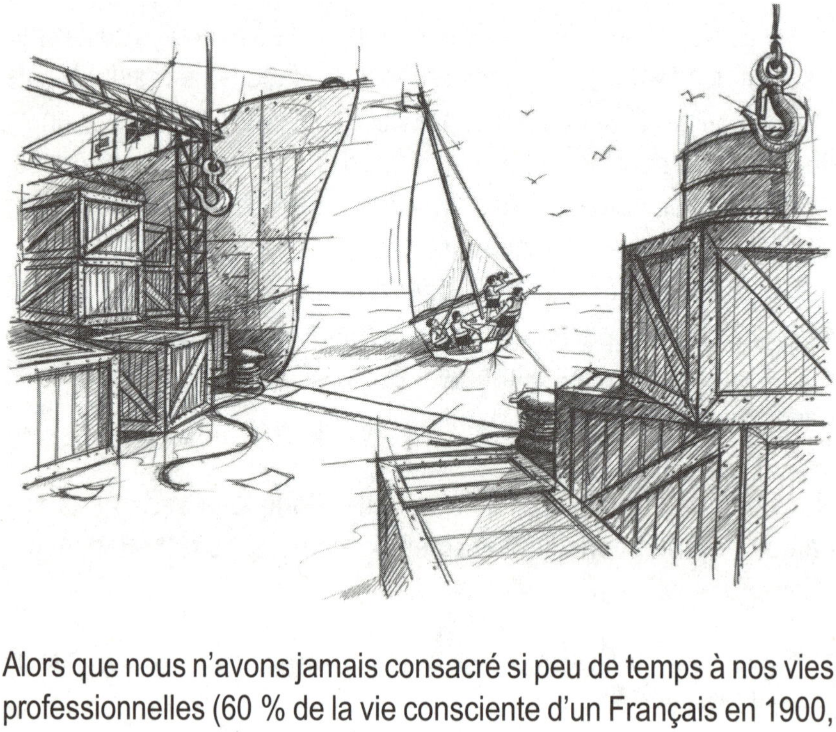

Alors que nous n'avons jamais consacré si peu de temps à nos vies professionnelles (60 % de la vie consciente d'un Français en 1900,

13 % aujourd'hui), la souffrance au travail semblerait de plus en plus présente dans nos entreprises ou nos administrations.

Les causes de cette situation paradoxale sont évidemment multiples et liées. Si nous travaillons moins longtemps, il s'agit souvent d'un travail plus intense, plus cérébral, plus impliquant, contraint par des exigences de rapidité, de réduction de coûts, de résultats. S'y joignent l'omniprésente crainte du chômage, fortifiée par la volatilité croissante de l'emploi, et cette peur du déclassement dont Éric Maurin souligne les effets ravageurs dans notre société[1].

L'environnement sociétal ajoute sa chape d'inquiétude : solitudes urbaines, suburbaines, rurales, surendettement, situations familiales d'échec, ghettoïsation du territoire et crainte de l'insécurité, difficultés de transport...Si la souffrance au travail peut prendre cent formes, elle peut être provoquée par cent causes.

Mais il est un groupe de causes sur lequel l'entreprise peut agir, c'est tout ce qui peut l'amener à traiter chacun des individus qui œuvre en son sein comme une personne, dans sa spécificité, sa différence et sa richesse, à la reconnaître et, dans son travail, à lui permettre de se valoriser.

Bien sûr se trouvent concernés par ce thème non seulement l'ergonomie de chaque poste mais surtout l'ergonomie de l'organisation : on ne dira jamais assez combien l'installation brutale et technocratique d'ERP du type SAP ou Oracle aura contribué à créer dans nombre d'entreprises ce taylorisme informationnel déjà évoqué, à la fois contre-productif et désespérant pour des collaborateurs qui, à juste titre, revendiquent une sphère d'initiative et d'autonomie.

1. É. Maurin. *La Peur du déclassement*, Le Seuil, la République des idées, Paris, 2009.

Plus on est contraint et surdéterminé, moins on est intelligent et plus on éprouve un sentiment de vie gâchée. De même, l'organisation par processus qui peut constituer pour les salariés un champ ouvert leur permettant d'inventer de fécondes et innovantes coopérations les a trop souvent emprisonnés dans les mailles toujours plus serrées d'un système de contraintes interdisant toute possibilité d'être soi-même, d'apporter son regard neuf, son originalité, bref, de réaliser un peu de son projet personnel. Ces organisations sont mortifères.

Comme tous les cris d'alarmes des DRH et des observateurs reconnus des réalités de la France au travail sont parfois peu entendues (le directeur financier et le directeur informatique bénéficient d'une autre qualité d'écoute !), il faut sans doute se réjouir de cette décision de la Cour de cassation qui dans un arrêt du 10 novembre 2009 vient de condamner une association en mettant nommément en cause ses méthodes de gestion, la mauvaise qualité de son organisation pouvant caractériser un harcèlement moral.

Bien sûr, il ne faut pas souhaiter que la justice se transforme en évaluateur suprême des bonnes organisations d'entreprise, mais si la peur du gendarme – ou du juge – peut conduire des dirigeants à réhumaniser leurs organisations pour que les femmes et les hommes qui travaillent en leur sein retrouvent le goût d'y apporter ensemble leurs talents pour le plus grand bénéfice de la performance collective, que la Cour de cassation soit cent fois remerciée.

En tout cas l'outil d'audit, et donc de progrès, permettant à tout responsable d'organisation d'apprécier si celle-ci est susceptible de fortifier la confiance collective et donc l'efficacité d'ensemble de ses membres, cet outil existe ; il a fait ses preuves et nous le rappelons ici.

• Mon organisation est-elle génératrice de confiance ? Outils d'audit

Les questionnements qui suivent permettent au responsable d'une organisation (publique, privée, productive, associative, politique, religieuse, culturelle...) de repérer pragmatiquement les points clefs sur lesquels il peut concrètement agir pour accroître l'efficacité collective de l'ensemble qu'il a en charge en accroissant vraiment la confiance opérationnelle de ses collaborateurs. Mais,-et c'est là l'idée neuve- il ne s'agit pas des questions que se pose le grand architecte concepteur d'une organisation théorique et , à ses yeux, rationnelle mais des questions que peuvent se poser chacune des personnes qui auront à à vivre en son sein.

Ces questionnements reposent sur six principes.

■ *Le principe de destination et de cohérence dynamique*

Une organisation doit être conçue pour que ceux qui y œuvrent comprennent à quoi elle sert, pourquoi elle est telle qu'elle est, ce qu'ils y font, quelle y est leur véritable utilité et quels sont les efforts concrets réalisés pour qu'ils puissent s'y sentir réellement co-acteurs et disposer dans l'action d'authentiques marges de liberté[1].

---

1. Ceux qui s'intéressent à la pensée complexe, (cette pensée qui étudie pourquoi certains systèmes complexes évoluent mieux et durent plus longtemps que d'autres) retrouveront là quelques-uns des éléments clefs du principe hologramatique.

Au nom de ce principe, l'organisation doit au moins permettre de :

- **développer chez chacun, dans l'action quotidienne, le goût du sens** : sens individuel (À quoi je sers ici ? Qu'est-ce que je cherche ? Qu'est-ce que j'attends ? Qu'est-ce que je suis prêt à donner ? Qu'est-ce que ça m'apporte ?) ; sens collectif (Que faisons-nous ensemble ? Comment le faisons-nous ? En quoi cela nous enrichit-il ? Que faudrait-il pour que notre action commune ait plus de sens, ou même un peu de sens ?) ;
- **éduquer chez chacun, quotidiennement, le goût de la cohérence entre sens, discours et action** (Suis-je, chaque jour, dans l'action, conséquent avec moi-même, avec ce que je pense et avec ce que je dis ? Comment puis-je agir pour rendre le système au sein duquel je travaille – entreprise, association, administration – plus cohérent avec les valeurs annoncées et avec celles auxquelles je crois ?).

Cela suppose au moins que chacun puisse se poser les questions suivantes.

Au nom de quoi cette organisation a-t-elle été conçue ?

L'organisation où je joue un rôle dispose-t-elle d'un projet, d'une vision qui clarifie dans la durée ses ambitions essentielles, les valeurs qu'elle entend privilégier, les principales politiques (financières, technologiques, humaines, internationales, d'alliances, de conquête...) qu'elle souhaite conduire pour aller vers ses ambitions tout en respectant ses valeurs ? Ce projet a-t-il été élaboré en impliquant les divers porteurs d'enjeux concernés par l'organisation (par exemple, dans une collectivité locale, les associations, les comités de quartier, la municipalité, les entreprises significatives, les commerçants... ; dans une administration, ses divers personnels mais aussi ses usagers, les services susceptibles de coopérer en amont et en aval, les niveaux centraux et déconcentrés ; dans une entreprise, bien sûr, ses dirigeants et très particulièrement sa DRH, mais aussi les représentants du personnel, les principaux partenaires, clients et fournisseurs...) ? Ce projet est-il largement publié, connu et reconnu par ceux qui œuvrent au sein de l'organisation ? Y fait-on référence à chaque fois qu'est prise une décision stratégique essentielle ? Est-il communiqué à tous les nouveaux arrivants et surtout enrichi, au fur et à mesure, par leurs propres apports ? Chaque entité constitutive de l'organisation (par exemple, pour une entreprise, ses services, ses filiales...) relie-t-elle son propre projet à ce projet cible (sans pour autant se limiter à le concevoir comme un simple sous-détail de ce projet cible) ?

Outre son efficacité opérationnelle, cette organisation est-elle conçue pour qu'on ait plaisir à y vivre ensemble ?

Ceux qui œuvrent au sein de l'organisation dans laquelle je joue un rôle partagent-ils des principes éthiques communs, connus, reconnus et pratiqués (tels qu'honnêteté, altérité, courage, équité, droit à la différence...) dont il est **explicitement** tenu compte dans l'évaluation de la contribution de chacun ? La conscience d'appartenance est-elle fortifiée par un style de relations quotidiennes entre les personnes (relations directes, franches, d'aide, ouverture au débat...) que les dirigeants promeuvent en les pratiquant eux-mêmes avec leurs propres collaborateurs ? Sous une forme ou une autre (enquête, étude d'ambiance, regard extérieur...), se soucie-t-on chaque année de savoir si les personnes de l'organisation considèrent que les principes éthiques et le style de relations annoncés sont réellement vécus en interne ?

Les systèmes de gestion des collaborateurs (pour les entreprises, les administrations, les associations, les collectivités locales) sont-ils chaque année revus et ajustés pour les rendre toujours plus cohérents avec les valeurs annoncées, les attentes des personnes et les circonstances ?

Au sein de l'organisation dans laquelle je joue un rôle, réexamine-t-on chaque année les systèmes de gestion des personnes (systèmes de recrutement, d'accueil, de mise en premier poste, de rémunération, de promotion, d'appréciation, de communication interne, de gestion dynamique des compétences et des emplois, de formation, d'amélioration des conditions de travail, de concertation, de négociation…) pour apprécier leur cohérence avec les valeurs du projet, les principes éthiques annoncés, le style quotidien de relations que l'on veut promouvoir et l'évolutions inévitables de l'environnement ? Les corrections nécessaires sont-elles immédiatement apportées aux systèmes non cohérents ?

■ *Le principe d'articulation entre coopération et autonomie*

Une organisation doit être conçue pour permettre à ceux qui y œuvrent de disposer de champs de liberté où exercer leur autonomie responsable et fortifier toujours plus leur goût et leur capacité de coopération[1].

1. Les familiers de la pensée complexe retrouveront ici le principe de la réponse complexe ou principe de l'auto-organisation.

Au nom de ce principe, l'organisation doit au moins permettre de :

- ✔ **Développer chez chacun, à travers l'action quotidienne, la conscience de la responsabilité individuelle et collective** (quelles sont les marges de liberté – de moi-même, de mon équipe – et sont-elles utilisées à plein ?) et de la puissance de la confiance (est-ce que je sais participer à la création d'un climat de confiance réciproque, indispensable pour répondre avec les autres acteurs concernés à tout défi complexe ?) ;

- ✔ **Développer chez chacun, dans l'action quotidienne, le goût de la coopération** (Est-ce que je mesure combien je suis plus fort, plus capable de répondre à l'inattendu et donc plus libre « à plusieurs » que tout seul ?).

Cela suppose que chacun au sein de l'organisation puisse se poser les questions suivantes :

L'organisation prévoit-elle les moyens des responsabilités qu'elle me confie ? (variante : l'autonomie affichée n'est-elle qu'un leurre ; ou pire, une façon pour la hiérarchie de se défausser sur mon dos ?)

Au sein de l'organisation dans laquelle je joue un rôle, chaque personne comme chaque équipe, quels que soient sa place et son niveau, connaît-elle sa mission et son objectif – mensuel ou annuel – de progrès (objectif à la définition duquel elle a participé) ? En particulier, chaque équipe dispose-t-elle de réelles marges de liberté pour s'auto-organiser en vue de remplir au mieux ses missions ? Une fois par an, au moins, une procédure d'évaluation contradictoire a-t-elle lieu (échange entre celui qui a confié la mission et ceux qui se sont efforcés de la remplir) pour apprécier le chemin parcouru et envisager les corrections de parcours et les moyens additionnels à mettre en œuvre ? Est-il clair pour tous les acteurs, que chacun est apprécié (reconnu, « récompensé » – au sens du *reward* américain) en fonction, non de son intelligence intrinsèque, de son titre ou de son grade, mais de son engagement au sein de l'équipe et de ses initiatives pour que la mission collective soit remplie et que les objectifs de progrès soient atteints ?

Les valeurs et les modes de fonctionnement (confiance, transparence, exemplarité) annoncées par l'organisation sont-ils réellement ceux qui sont quotidiennement privilégiés et annuellement récompensés ?

Au sein de l'organisation dans laquelle je joue un rôle, les règles du jeu au nom desquelles on est apprécié (sanctionné, promu, reconnu, et dans l'entreprise ou l'administration, augmenté) sont-elles connues de tous et perçues comme équitables ? Sont-elles fiables (elles ne changent pas d'une année à l'autre, d'un service ou d'un site à l'autre, d'une catégorie d'acteurs à l'autre, d'un niveau hiérarchique à l'autre, d'une provenance de grande école à l'autre...) ? Est-il clair pour tous que, à tout niveau, la bonne foi dans les relations interpersonnelles est valorisée et la mauvaise foi sanctionnée et que, en ce domaine, les dirigeants donnent visiblement l'exemple (respect de la parole donnée, cohérence entre les discours et les actes...) ?

Le fonctionnement transversal l'emporte-t-il vraiment sur le fonctionnement en silos et les captateurs de territoires sont-ils clairement sanctionnés ?

Au sein de l'organisation dans laquelle je joue un rôle, ce qui permet de suivre l'avancée de l'action (contrôle de gestion, suivi de projet...) est-il bien centré sur la coopération entre les acteurs, sur la qualité de l'écoute de chacun vis-à-vis des attentes de son aval et sur la qualité des réponses apportées à ces attentes ? Les attitudes de captation de territoires, d'opacité dans la transmission d'informations, de prise de pouvoir sur des parties de l'organisation aux dépens de son efficacité globale dans l'accomplissement des missions qui la justifient sont-elles nettement et durement sanctionnées ? Ceux qui favorisent initiatives et coopérations transversales sont-ils clairement distingués ?

■ *Le principe de la nécessaire diversité des talents et de leur impérative reconnaissance*

Les systèmes monocolores, consanguins, ne réunissant que des juristes, ou que des financiers, ou que des ingénieurs, ou que des communicants, ou que des professeurs ou que des diplômés sortant des mêmes écoles sont incapables de saisir l'évolution volatile d'un monde en profonde et brutale mutation. En dépit des fréquentes et réelles qualité personnelles de certains de ses diplômés, l'inconcevable concentration à la tête de l'État d'énarques, formatés malgré eux par la même école et, pour beaucoup, élevés hors sol, aura coûté infiniment cher à la République[1].

Au nom de ce principe, l'organisation doit au moins permettre :

✔ **Que chacun prenne conscience de sa propre richesse, mais aussi de la richesse collective que permet la diversité** (En quoi suis-je unique ? Quelle est la spécificité de mon apport ?

1. Les familiers de la pensée complexe reconnaîtront ici le théorème d'Ashley, ou principe de la variété requise, qui stipule que plus un système est complexe, plus celui qui doit le piloter doit l'être aussi, et donc que la diversité des éléments qui le composent est un impératif d'efficacité.

Quels comportements, attitudes et savoirs, qui ne sont pas mes points forts mais qui peuvent être ceux de partenaires, permettraient de valoriser au mieux cette spécificité ? Donc quels sont mes complémentaires, les profils différents dont je devrais rechercher la coopération ?) ;

- **D'éduquer le goût de la concertation, de la négociation, l'acceptation des confrontations non meurtrières** (Que m'apportent les oppositions créatrices, l'écoute de points de vue différents ou opposés, l'acceptation de la prise en compte d'idées dérangeantes ? Est-ce que je sais m'enrichir du débat que cela suscite ? Est-ce que je mesure la liberté de pensée et d'action et le surplus d'efficacité que cela m'apporte ?)

Cela suppose que chacun au sein de l'organisation puisse se poser les questions suivantes.

L'organisation où j'œuvre privilégie-t-elle les clones ou la diversité ?

Au sein de l'entreprise dans laquelle je joue un rôle, les processus de recrutement, d'affectation et de promotion garantissent-ils qu'on ne privilégie pas un diplôme initial (Polytechnique, Centrale, Arts et Métiers, Sciences-po…) ou une seule filière (par exemple dans l'entreprise, ceux qui viennent du commercial, du financier, de la fabrication, ou dans la gestion d'une collectivité locale, ceux qui sont « de droite » ou « de gauche ») dans le choix d'une personne pour une mission ? Les programmes annuels de recrutement, de formation, de promotion veillent-ils à assurer au sein de l'organisation une réelle diversité de cultures et de tempéraments ?

Dans mon organisation, reconnaît-on que les contributions de toutes les fonctions sont nécessaires et donc égales en dignité ?

Au sein de l'organisation dans laquelle je joue un rôle, reconnaît-on que toutes les fonctions sont nécessaires, donc qu'aucune n'a le pas sur l'autre ? Que l'on a également besoin de spécialistes, d'experts, de managers, de concepteurs, d'opérationnels… et que chacune de ses catégories est aussi essentielle et utile que les autres au bon fonctionnement de l'organisation ? S'efforce-t-on de rendre le système de *reward* suffisamment divers et attrayant pour que, dans chaque fonction (même celles qui peuvent sembler annexes) et dans chaque rôle (même les plus modestes), toutes les personnes, dans la diversité de leurs attentes, soient motivées et se sentent reconnues ?

Dans la préparation de la décision, a-t-on le droit d'exprimer des avis divergents ?

Au sein de l'organisation dans laquelle je joue un rôle, les réunions de travail permettent-elles l'expression de points de vue contradictoires ? Avant la prise de décisions capitales, recourt-on à la pratique des IVA (Idées Venues d'Ailleurs) pour enrichir la réflexion préalable ? Les partenaires sociaux sont-ils considérés comme des acteurs essentiels qu'on informe au plus tôt des données importantes de l'organisation ? Est-il clair pour tous que ceux qui s'engagent dans les instances représentatives (syndicat, CE…), ne sont non seulement pas pénalisés dans leur carrière mais sont considérés comme plus aptes que d'autres à devenir des responsables plus lucides, au discernement mieux assuré ? (C'est une pratique habituelle dans nombre d'entreprises québécoises).

■ *Le principe de l'enrichissement de l'organisation par ouverture sur l'extérieur*

Rien n'est plus manifestement stupide qu'une organisation qui se prend pour sa propre fin. Dieu sait qu'il y a de superbes QI à Bercy mais pour avoir eu à défendre deux fois le budget de la Délégation interministérielle à l'insertion de jeunes en difficulté, l'un des auteurs de ce livre à pu mesurer la bêtise à front de taureau de petits maîtres, rigoureusement incompétents dans les domaines dont ils étaient censés définir les moyens et donc la stratégie. Il faut avoir touché du doigt personnellement l'arrogance bornée de ce type de technocrates stupides dont toute la réflexion est limitée par des ratios calculés sur des bases fausses, pour avoir le droit d'affirmer que les systèmes clos fabriquent des décisions imbéciles[1].

Au nom de ce principe, l'organisation doit au moins permettre :

✔ **De développer chez chacun le goût de l'échange avec l'extérieur** (Est-ce que je sais rechercher tout ce que l'extérieur de l'organisation peut m'apporter comme enrichissement – idées neuves, autres points de vue, autres regards –, tout en y ajoutant moi-même mes propres apports de telle sorte que cet extérieur s'enrichisse également de ce que je peux donner ?) ;

---

1. Les familiers de la pensée complexe reconnaîtront ici le principe de la co-évolution créatrice, dont Edgar Morin et Silvère Seurat ont chacun, avec son génie propre et ses exemples, montré qu'il ne souffre aucune exception : depuis que le monde est monde, ceux qui ont concentré toute leur énergie à l'observation de leur nombril ont fini par y périr : seule la rencontre de l'extérieur nous permet de nous régénérer.

- **De développer chez chacun l'envie de partenariats et l'aptitude à les établir** (Est-ce que je veux et est-ce que je sais bâtir des alliances avec des complémentaires externes ?) ;
- **De susciter chez chacun le goût de rechercher, à l'intérieur comme à l'extérieur de l'organisation, les innovations et les initiatives qui se sont révélées porteuses de progrès, afin de s'en inspirer** (Est-ce que je sais me départir de cette fatale méfiance à l'égard des innovations et des initiatives des autres pour, au contraire, les rechercher et tenter de m'en enrichir ?)

Cela suppose qu'au sein de l'organisation chacun ait la liberté de se poser les questions suivantes.

Est-ce que mon organisation est branchée sur l'extérieur ?

Au sein de l'organisation dans laquelle je joue un rôle, existe-t-il un dispositif de veille (par exemple du type « vigie en marguerite » qui permet de renseigner l'organisation sur les signaux faibles, les faits porteurs d'avenir, les tendances émergentes émanant de ses divers environnements économiques, sociaux, technologiques, politiques) ? Y a-t-il un maximum de personnes au sein de l'organisation qui sont dotées de missions de guet (rapports d'étonnements, participation à des groupes de travail externe, exploitation systématique de sites, de revues, insertion active dans un extranet vivant...) ? Existe-t-il des processus formalisés pour favoriser le meilleur échange des informations venues de l'extérieur (intranet vivant, réunion *ad hoc,* notes de lecture, rapports de mission) ? La capacité de guet et de transmission en interne des informations externes est-elle considérée comme un critère d'appréciation essentiel des contributions individuelles et collectives ?

Est-ce que mon organisation noue des partenariats avec les autres porteurs d'enjeux ?

Au sein de l'organisation dans laquelle je joue un rôle, est-ce que l'on recherche systématiquement des partenariats externes pouvant aller jusqu'à des alliances (avec d'autres associations, d'autres entreprises, des collectivités locales, des établissements éducatifs, des partenaires étrangers...) ? Est-ce que l'on encourage les membres de l'organisation, en particulier ses responsables majeurs, à s'engager dans des organismes extérieurs (associations professionnelles, mandats civiques ou associatifs, enseignement...) ? S'efforce-t-on de valoriser en interne tous ces apports externes ?

Est-ce que mon organisation valorise en son sein les bonnes pratiques et s'oblige à un benchmarking exigeant et international ?

Au sein de l'organisation dans laquelle je joue un rôle , est-ce que l'on s'efforce de donner en exemple d'autres organisations phares, choisies dans son propre pays ou à l'étranger, organisations que l'on observe pour en distinguer les originalités intéressantes, les diffuser en interne et s'inspirer de leur propre fonctionnement ? S'efforce-t-on de faire participer un nombre significatif de personnes de l'organisation à des missions nationales, internationales, à des forums pour qu'elles observent comment on peut fonctionner autrement, et parfois avec de meilleurs résultats et plus de confort ? Organise-t-on systématiquement le dépistage et la « fertilisation croisée » des innovations internes pour que chacun puisse s'enrichir des avancées des autres ?

■ *Le principe de l'utilisation dynamique des contradictions*

Bien sûr, personne n'a raison tout seul. *The one best way* n'existe pas. Il faut avoir participé à un gouvernement de droite et à un gouvernement de gauche, en tant que Délégué interministériel, pour avoir mesuré la sottise hémiplégique de qui croit que l'autre a totalement tort et que l'on a totalement raison alors qu'à l'évidence c'est la dialectique entre des points de vue apparemment contradictoires qui portent sans doute une part de progrès[1].

Au nom de ce principe, l'organisation doit au moins permettre d'apprendre à vivre sans trop de stress dans l'ambigu, l'évolutif et le contradictoire et – en particulier – dans les logiques inverses de la pyramide et du réseau

Cela suppose qu'au sein de l'organisation chacun ait la liberté de se poser les questions suivantes.

Dans mon organisation, le système de décision est-il binaire (fonctionnant en « tout ou rien ») ou subtil (acceptant les contradictions pour les dépasser) ?

Au sein de l'organisation dans laquelle je joue un rôle, l'un des critères essentiels sur lequel on apprécie la capacité d'une personne à prendre des responsabilités importantes est-il son aptitude à vivre sans stress excessif des situations contradictoires, sans essayer de les trancher d'une façon binaire (contradiction entre le

1. Les familiers de la pensée complexe reconnaîtront ici le principe dialogique, celui qui consiste à dépasser les contradictions pour initier une dynamique à partir d'éléments antagoniques et complémentaires.

court terme et le long terme, entre les intérêts de l'organisation et celui de tel ou tel de ses membres, entre la nécessité de libérer les initiatives et la nécessaire cohérence stratégique, entre l'importance d'écouter les points de vue différents et de décider sans exclure...) ? Entraîne-t-on les acteurs de l'organisation, en particulier ses principaux responsables, à savoir dépasser ces contradictions en utilisant la dynamique de leur dialectique ?

Mon organisation sait-elle gérer les fonctionnements contradictoires de la pyramide (la hiérarchie) et du réseau (les relations fluides et directes entre les acteurs) ?

Au sein de l'organisation dans laquelle je joue un rôle, reconnaît-on que le réseau qui donne de la vie et la pyramide qui donne de l'ordre sont également nécessaires ? Accepte-t-on que cela produise une organisation plus vivante que claire, qui peut engendrer des conflits – de pouvoirs, d'intérêts, de priorités –, conflits qui peuvent être porteurs d'une dynamique de progrès et qu'il faut vivre avec sérénité ?

■ *Le principe de l'organisation apprenante*

En général, quand on conçoit une organisation, on se contente d'un raisonnement purement mécaniste et rationnel pour lui permettre d'atteindre les résultats attendus dans les délais et pour les coûts requis : la compétence de Pierre plus celle de Paul complétée par celle de Marie permettent-elles de réaliser ce qui est prévu ? La distribution des responsabilités est-elle adéquate au projet ? Un maillon ne manque-t-il pas dans la chaîne technique nécessaire à l'accomplissement de la mission ? Bref, on imagine un Meccano de savoirs et de savoir-faire adapté aux résultats attendus.

Mais, de même que c'est en forgeant que l'on devient forgeron, la pratique quotidienne d'un rôle dans une organisation modifie peu à peu celui qui le tient, qui à son tour modifie subrepticement mais réellement le fonctionnement de l'organisation, qui à son tour rétroagit sur chacun de ses membres, etc. Ceci explique pourquoi tant d'organisations appauvrissent jour après jour ceux qui y œuvrent, les transformant peu à peu en ce que l'on avait prévu qu'ils deviennent : des rouages, des courroies de transmission, des gestes, des automatismes, des machines techniques[1].

Au nom de ce principe (qui synthétise en fait les cinq autres), l'organisation doit être conçue de telle sorte que : l'action quotidienne confiée à chacun lui permette non seulement de remplir les missions relevant de sa responsabilité, mais aussi de progresser, de se développer, de gagner en compétence, en autonomie, en capacité à œuvrer avec les autres.

Et c'est bien sûr la question de synthèse que chaque collaborateur doit se poser (et en fait implicitement se pose toujours) :

Mon organisation est-elle anthropogène (va-t-elle me faire grandir) ou anthropophage (va-t-elle me détruire peu à peu) ?

1. Les familiers de la pensée complexe reconnaîtront ici le principe de récursivité qui décrit les interactions négatives ou positives entre l'acteur et le système au sein duquel il opère : si le système a été conçu pour que, dans son action quotidienne, l'acteur progresse, celui-ci contribuera à son tour à enrichir le système, amorçant ainsi une spirale de progrès continu ; à l'inverse, s'il y a récursivité négative (c'est fréquent dans les situations de routine), l'acteur se « rétrécira progressivement au lavage » et le système perdra peu à peu, et sans retour, son efficacité.

L'organisation, au sein de laquelle je joue un rôle, clarifie-t-elle sa destination (Où va-t-on ? À quoi l'on sert ? C'est quoi la mission de chacun ?...), organise-t-elle subsidiarité et délégation ? Rend-elle la communication vivante et équitable (et surtout permet-elle la fertilisation croisée des savoirs, des innovations et des initiatives) ? Favorise-t-elle l'ouverture sur l'extérieur (permettant d'intégrer les risques et les expériences externes), exalte-t-elle l'appel à l'initiative et à la créativité interne ? Assure-t-elle la reconnaissance des contributions, permettant à chacun de se savoir apprécié et de progresser ?

Passer son organisation au banc de ces six principes et des quinze questions qui les accompagnent est souvent long et douloureux. C'est long parce qu'il ne suffit pas pour le dirigeant, répondant à ces questions de se contenter de son propre point de vue ; il doit s'efforcer de tester ce questionnement aux divers niveaux de sa structure. C'est douloureux, car si l'on veut vraiment que l'organisation redevienne porteuse de confiance et donc d'efficacité, il est bien rare qu'il ne faille remettre en cause des modes de fonctionnement, des habitudes, des rentes de situation, voire des équipements qui ont pu coûter cher et donner l'illusion d'un progrès.

Mais rappelons une fois de plus la nouvelle équation de Jean-Paul Fitoussi : dorénavant, les nouvelles conditions du marché, des technologies et du rapport de chacun avec sa propre vie périment l'équation d'hier : Capital × Travail = Résultats ; il faut lire désormais : Capital × Travail × Confiance = Résultats.
La confiance ce n'est plus un vocable douçâtre et gentillet pour DRH « cœur vaillant », c'est devenu un élément « hard » de la performance.

• Comment rendre mon organisation inductrice de confiance : des outils de progrès

Deux outils sont ici proposés : le premier, plus stratégique, s'inscrit dans la continuité même du précédent ; à partir de la grille des six principes utilisés pour évaluer la capacité de mon organisation à générer ou non de la confiance collective, on peut visualiser ses zones de fragilité et bâtir, à partir de celles-ci, un plan de progrès. Le second outil, plus technique, permet, à partir d'une analyse critique de chacun des systèmes de gestion de l'entreprise, d'apprécier sa plus ou moins grande tendance à générer de la confiance ou de la méfiance et à imaginer des actions correctrices.

■ *Approche stratégique d'un plan de progrès pour rendre mon organisation plus inductrice de confiance collective*

On retrouve dans la grille suivante les six principes évoqués plus haut[1]:

1. le principe de destination et de cohérence dynamique (« principe hologramatique ») ;

2. le principe d'articulation entre coopération et autonomie (« principe de l'auto-organisation ») ;

---

1. Issus, comme on l'a vu, de ce qu'Edgar Morin appelle la « pensée complexe » mais qui sont, plus simplement, ceux qui permettent de comprendre comment évolue une organisation vivante.

3. le principe de la nécessaire diversité des talents et de leur impérative reconnaissance (« principe de la variété requise ») ;

4. le principe de l'enrichissement de l'organisation par ouverture sur l'extérieur (« principe de la co-évolution créatrice ») ;

5. le principe de l'utilisation dynamique des contradictions (« le principe dialogique ») ;

6. le principe de l'organisation apprenante (« le principe de récursivité positive »).

On retrouve aussi, en résumé, les quinze questions principales que suscitent ces six principes :

✔ Au nom de quoi cette organisation a-t-elle été conçue ?

✔ Outre son efficacité opérationnelle, cette organisation est-elle conçue pour qu'on ait plaisir à y vivre ensemble ?

✔ Les systèmes de gestion des collaborateurs sont-ils chaque année revus et ajustés pour les rendre toujours plus cohérents avec les valeurs annoncées, les attentes des personnes et les circonstances ?

✔ L'organisation prévoit-elle les moyens des responsabilités qu'elle confie ?

✔ Les valeurs et les modes de fonctionnement annoncés par l'organisation (par exemple :, transparence, exemplarité...) sont-ils réellement ceux qui sont quotidiennement privilégiés et annuellement récompensés ?

✔ Le fonctionnement transversal l'emporte-t-il vraiment sur le fonctionnement en silos et les captateurs de territoires sont-ils vraiment sanctionnés ?

- L'organisation privilégie-t-elle les clones ou la diversité ?
- Dans l'organisation, reconnaît-on que les contributions de toutes les fonctions sont nécessaires et donc égales en dignité ?
- Dans la préparation de la décision a-t-on le droit d'exprimer des avis divergents ?
- L'organisation est-elle branchée sur l'extérieur ?
- L'organisation noue-t-elle des partenariats avec les autres porteurs d'enjeux (bien sûr d'abord et surtout les clients, les actionnaires, les fournisseurs, mais aussi tous les autres « stake holders » de ses environnements) ?
- L'organisation valorise-t-elle en son sein les bonnes pratiques, les innovations, et s'oblige-t-elle à un benchmark exigeant et international ?
- Dans mon organisation, le système de décision est-il binaire (fonctionnant en « tout ou rien ») ou subtil (dépassant dynamiquement les contradictions) ?
- L'organisation sait-elle gérer les fonctionnements contradictoires de la pyramide (les relations hiérarchiques) et du réseau (les relations fluides et directes entre les acteurs) ?
- L'organisation est-elle anthropogène (fait-elle grandir ceux qui œuvrent en son sein) ou anthropophage (les détruit-elle peu à peu) ?

Cette grille – qui a été à de nombreuse reprises validée (en particulier auprès des dirigeants appartenants à de nombreux clubs APM) – peut être remplie par l'équipe de direction et quelques groupes-tests de l'organisation (juniors, seniors, nouveaux entrants...) en évaluant de 1 (note minimum) à 5 (note maximum) la situation de l'organisation par rapport à chacune des quinze questions : pour cette évaluation, on peut utiliser soit une approche synthétique en se référant aux contenus des six principes déve-

Principes	Questions	1	2	3	4	5	Actions correctrices
1 Destination et cohérence dynamique	11. projet, ambition, valeurs			x			
	12. relatif plaisir d'être ensemble (conscience d'appartenance)		x				
	13. cohérence des systèmes de GRH		x				
2 Articulation coopération autonomie	21. responsabilisation				x		
	22. transparence, exemplarité		x				
	23. transversalisation					x	
3 Variété requise	31. clones ou diversité dans le choix des personnes	x					
	32. respect des différences et égale dignité des fonctions		x				
	33. valorisation des oppositions créatrices		x				
4 Coévolution créatrice	41. vigie sur l'extérieur					x	
	42. partenariats externes			x			
	43. valorisation des succès et des innovations (ext. & int.)		x				
5 Utilisation dynamique des contradictions	51. dépassement des contradictions		x				
	52. mariage pyramide et réseau		x				
6 Organisation apprenante	61. organisation anthropogène ou anthropophage		x				

loppés des pages 12 à 24 soit préférer une approche plus analytique et se reporter à un questionnaire proposant un étalonnage de ce que peuvent représenter pour chaque question posée les notes de 1 à 5.

L'équipe de direction et les groupes-tests imaginent des propositions d'actions pour corriger les points les plus critiques. La Direction décide des actions de progrès prioritaires.

Les « x » qui remplissent la grille ci-dessus traduisent le profil d'une entreprise française tout à fait réelle tel que l'équipe de direction l'a établi, après avoir conduit sa propre évaluation et collationné celle de plusieurs groupes-tests de l'organisation : la « capacité inductrice de confiance » de celle-ci apparaissant peu brillante, un plan de progrès sur trois ans a été défini et mis en œuvre.

■ *Approche technique d'un plan de progrès pour accroître la « capacité inductrice de confiance collective » de l'organisation à partir de l'interrogation de chacun des systèmes de gestion de l'entreprise*

Il s'agit là d'une approche beaucoup plus classique qui consiste à interroger (ici encore en faisant travailler l'équipe de direction et des groupes-tests) chacun des principaux systèmes de gestion de l'entreprise pour apprécier en quoi ils contribuent à accroître la confiance ou la défiance collective au sein de l'organisation.

Est-ce que le système prend en compte, favorise ou développe ? *

favorise-t-il / Le sous-système de gestion	Rech. sens	Coopération	Autonomie	Goût d'apprendre	Goût responsabilité	Goût prise de risque	Ouverture	Dévelop. de l'employabilité	Actions correctrices
Recrutement									
Accueil									
Mise en premier poste									
Rémunération									
Intéressement participation									
Autres avantages sociaux									
Evaluation									
Gestion prév. compétences									
Formation									
Promotion									
Communication interne									

Le sous-système de gestion / favorise-t-il	Rech. sens	Coopération	Autonomie	Goût d'apprendre	Goût responsabilité	Goût prise de risque	Ouverture	Dévelop. de l'employabilité	Actions correctrices
Diffusion de la GRH									
Relations part. sociaux									
Hygiène et sécurité									
Interim CDD Temps partiel									
Parité									
Handicap…									
Relations écoles (stages…)									

* 5 : contribution très satisfaisante ; 0 : effet très négatif.

Les entreprises qui ont généralisé l'organisation par processus ou/et qui sont gérées par ERP peuvent utilement adopter ce type de questionnement.

Cette grille se propose d'interroger le système de gestion des RH pour apprécier en quoi chacun des sous-systèmes qui le composent prend en compte, favorise ou développe quelques attitudes susceptibles d'accroître la confiance dans l'organisation de ceux qui œuvrent en son sein.

Les critères ici rappelés (recherche de sens, goût de la coopération etc.) ne sont qu'indicatifs et l'on ne développera pas plus avant, ici, cette approche familière à la plupart des dirigeants expérimentés. Elle présente l'avantage de renvoyer à des pratiques concrètes (comment l'entreprise recrute, comment elle promeut, comment elle intègre « la diversité » etc.). L'inconvénient est que l'écart est souvent difficile à réduire entre l'appréciation que portent les gestionnaires de chaque système de gestion de l'entreprise (appréciation en générale fort positive) et celle de ceux qui en sont les sujets et doivent en subir les contraintes. En tout cas, l'exercice n'est jamais inutile : il permet au pire de déceler des incompréhensions graves entre les gestionnaires et les « gérés », sources de défiances lourdes dont il vaut mieux se préoccuper à temps.

8.
Le contrat invisible®, pour manager le changement par la confiance

Le changement au travers du prisme de la confiance

Il est difficile aujourd'hui de parler du « régime de croisière » d'une entreprise car le changement est permanent, c'est une nécessité du monde et il est difficile de s'y soustraire. Et pourtant, l'homme n'aime pas beaucoup le changement même s'il a créé une économie qui lui demande de changer en permanence.

Il y a de nombreux ouvrages sur le changement ; il s'agit dans ce chapitre d'y porter un regard nouveau, au travers du prisme de la confiance :

- Peut-on manager le changement avec et par la confiance ?
- En quoi cela donne-t-il des nouvelles clefs au dirigeant ?

Pour aborder cette question, on peut utiliser la méthode suivante :

- d'abord observer le processus de transformation en cherchant à comprendre ce qui fait que l'homme devient volontairement acteur d'un changement plutôt que d'avoir à le subir ;

- puis chercher par quels moyens on arrive à réaliser un changement qui diminue les peurs et augmente l'envie de s'engager.

On dit que l'homme est par nature hostile au changement. Il est surtout hostile à « être changé » (donc par un tiers) mais il ne l'est pas au changement qu'il a choisi.
Dans une organisation, l'homme est plus souvent sujet de la transformation qu'acteur de celle-ci.
Il y a quatre clefs de bon sens qui peuvent être utilisées pour que l'individu devienne acteur volontaire et engagé du changement.

- **Première clef** : faire que chacun connaisse le comment et le pourquoi du changement : on voit fréquemment des entreprises modifier leur organisation sans en exposer les motifs. Conséquences : chacun en déduit que ce changement est « politique », voire motivé par une « cuisine de pouvoir » ou encore par la préparation de quelque chose qui semble suspect *a priori*. Si l'on ne sait pas pourquoi on change, il y a peu de chance que l'engagement soit fort.

- **Deuxième clef** : faire que chacun comprenne quelle sera sa nouvelle tache ainsi que sa matérialisation. Une des difficultés rencontrées dans les changements des grandes organisations est précisément d'être capable d'expliquer à chacun quel sera son nouveau job. La démarche fréquente est d'annoncer des macros changements sans préciser la question du micro changement qui touche chaque personne. Conséquence : il s'ouvre une période d'incertitude pendant laquelle la rumeur remplace l'information. La confiance est plutôt en difficulté dans ces moments là. L'histoire de ce qui s'est passé la dernière fois sera la toile de fond de la confiance.

✔ **Troisième clef** : faire que chacun ait la volonté de participer positivement à la transformation en cours et se sente apte à sa nouvelle tâche. Une partie importante de la résistance au changement vient de la perception qu'ont les employés de ne pas être à la hauteur de leur nouveau job. Par exemple : lors de la fusion entre une grande entreprise française et une société néerlandaise, une des grandes inquiétudes des Français était de ne pas être à la hauteur de la pratique de la langue anglaise coutumière aux Hollandais. Ils pensaient donc qu'ils auraient tout à perdre dans le rapprochement des équipes puisque n'ayant pas la capacité à s'exprimer aussi facilement dans les réunions. Si ce qui est sûr et serein devient un sujet d'inquiétude pourquoi vouloir le changement ?

✔ **Quatrième clef** : faire que le changement comporte un intérêt pour chacun. Bien sûr, l'entreprise peut envisager de forcer le changement en passant par la sanction : licenciement, limitation du pouvoir social. Ce n'est pas une attitude porteuse de confiance ni génératrice d'engagement. À l'inverse, les entreprises qui ont su prendre le temps nécessaire pour donner la conscience de ce que le changement apporte de positif à chacun personnellement : évolution de carrière, de rémunération, mais aussi nouvel intérêt pour son travail.

● Introduction au contrat invisible®

Pourquoi ai-je envie de me lever et d'aller travailler ce matin ?

La réponse à cette question ne figure pas dans le contrat de travail.

Que devrai-je faire pour que l'entreprise apprécie mon travail ?
Pourquoi souhaite-t-elle me voir évoluer et grandir ?

Le contrat de travail ne le dit pas plus.

Le nouvel embauché va vite détecter les comportements qui vont attirer l'attention et lui valoir de la reconnaissance, tout autant que ceux qui entraînent l'indifférence, voire pire, l'hostilité ou la réprobation.
Ainsi, dans cette entreprise de l'industrie lourde, à la tradition d'ingénieur marquée, tout ce qui a trait à des sujets techniques, technologiques et d'innovation attire l'attention et la reconnaissance de la direction et des pairs. Même les non-techniciens se prennent d'intérêt pour la technique.
Chez son concurrent principal, c'est en parlant contrat, relation commerciale, succès clients, que l'on obtient l'écoute et la reconnaissance. Et la technique, tout comme l'intendance suit.

On appelle cela, souvent de façon vague, la culture d'entreprise.

■ *De la culture au « Contrat invisible® »*

La notion de culture reste vague et peu opératoire, c'est pour la cerner un peu mieux que les équipes de Stratorg avec le Cercle Raphaël ont développée la notion de « contrat invisible® » qui permet de traiter avec beaucoup plus d'efficacité la problématique des freins culturels.

Il y a une réalité très concrète qui est que chaque homme et chaque femme échange en permanence ses attentes contre celles de l'entreprise.
Nous appelons cet échange le « contrat invisible® ».
Le contrat invisible® met en lumière les motivations majeures qui sont valorisées dans chaque entreprise, quels sont les acteurs importants pour la réalisation de ces motivations, et l'obtention

d'une reconnaissance. Il connaît les temps forts de l'entreprise où le salarié se sent en pleine harmonie avec elle.

Le contrat invisible® est la boîte noire de la culture de l'entreprise. Il recèle son code génétique et contient son ADN.

Il n'est pourtant écrit nulle part bien qu'il constitue l'un des éléments les plus pérennes de l'entreprise.

Toute transformation de l'entreprise doit se faire en tenant compte de ce contrat invisible®. Tant que chacun ne voit pas l'avantage qu'il va tirer du nouveau contrat invisible® par rapport à l'ancien, la résistance active ou passive est le comportement le plus courant.

Bien sûr les changements peuvent être imposés. Mais si l'on détruit le contrat invisible®, il n'y a pas d'engagement.

L'objet de ce document est de permettre au management d'utiliser d'une manière précise et concrète cette pièce clef de la dynamique de l'entreprise.

■ *Les quatre éléments du contrat invisible®*

Motivations

Le contrat invisible® décrit le lien social qui, au sein de l'organisation unit un groupe de personnes autour de la satisfaction d'un besoin commun.

Le contrat invisible® n'est pas la somme des motivations de chacun des individus. Il se situe à l'intersection des motivations partagées par un grand nombre et validées par l'entreprise.

Comportements

En échange de la satisfaction des motivations des employés, évoquées ci-dessus, l'organisation attend de chacun un comportement adapté (postures, attitudes, discours). Par exemple, si l'entreprise valorise le travail « artisanal » individuel sans grande préoccupation pour l'efficacité du jeu d'équipe, alors le comportement de chacun sera de tolérer une relative indiscipline collective pour protéger sa propre autonomie.

Garants

Le contrat de travail est garanti par les lois du pays où il s'exécute et par la crédibilité de ce pays à faire respecter ces lois. Le contrat invisible®, implicite, cherche aussi son système de garantie.

Les garants du contrat sont des personnes ou des groupes de personnes (qui peuvent ne pas en avoir conscience) ; leur comportement sera un indicateur essentiel.

Temps forts

Les temps forts qui marquent l'exécution du contrat **invisible®** (comme le paiement du salaire à chaque fin de mois marque l'exécution du contrat **visible**) seront attendus : souvent l'évaluation annuelle mais aussi les moments révélateurs de célébration collective. Si, dans cette entreprise à fort prestige social, la convention annuelle se fait à l'hôtel de la gare d'une sous-préfecture, le contrat invisible® sera perçu comme sérieusement mis en danger.

L'utilité du contrat invisible® pour le dirigeant

Pour le dirigeant, le contrat invisible® peut être le ressort ou le frein de la transformation de l'entreprise. Il doit pouvoir évoluer. Mais, parce qu'il touche à l'essentiel de ce qui fait la satisfaction et les repères des individus dans l'entreprise, chacun y est inconsciemment attaché.

Il est capital pour le dirigeant de connaître ce contrat invisible® afin de mener l'entreprise dans un monde qui lui demande une adaptation permanente.

Comprendre où sont les freins à la stratégie et à son exécution

L'environnement des entreprises change et les stratégies choisies le reflètent. Là où la compétitivité par les coûts a pu être un axe majeur dans un espace géographique sans croissance, cette croissance et la conquête de nouveaux territoires deviennent les nouvelles nécessités. Si le contrat invisible®, hérité d'impératifs stratégiques et managériaux du passé, a formaté les hommes et leur motivation autour d'un travail acharné et discipliné, il leur sera difficile de devenir facilement des entrepreneurs et des conquistadors. Ces mots leur feront peur et la stratégie de conquête sera freinée.

Comprendre ce que sont les changements faciles et les changements difficiles

Le contrat invisible®, en éclairant le dirigeant sur ce que sont les motivations et les « vaches sacrées » des individus, donne une vision très fine de l'énergie qu'il doit mettre dans les changements que la stratégie lui impose de mettre en œuvre et la manière dont il doit s'y prendre. Parmi ces grands changements, les plus classiques sont le décloisonnement, la fusion, la remotivation, le développement de l'esprit d'entreprise…

■ *Comprendre le degré d'« homogénéité » culturelle de l'entreprise*

Les entreprises sont souvent la synthèse de rapprochements et de fusions successifs. Elles sont donc une « fédération » de contrats invisibles qui ne cohabitent pas toujours harmonieusement.

Donner au dirigeant une carte de ces différences culturelles et comprendre leurs points de proximité ou au contraire leur distance permet d'identifier l'endroit où se situent les énergies perdues. Si l'entreprise est souvent faite de diversité, elle gagne néanmoins à développer un contrat invisible® au-dessus des autres par lequel tout le monde adhère à des valeurs communes qui créent l'engagement et donc la performance volontaire.

■ *Comprendre sa propre équipe pour pouvoir la gérer mieux*

Chaque membre d'une équipe de direction est souvent, même sans le savoir, un garant du contrat invisible®, c'est-à-dire celui ou celle par lequel certaines motivations sont bien protégées. Se sachant valorisé par ses subordonnés dans ce rôle, il peut se trouver en conflit avec d'une part ce que l'équipe de direction demande et d'autre part ce que ses subordonnés espèrent de lui. Vivre cette double contrainte est parfois difficile et peut créer ainsi un frein à la bonne marche de l'équipe de tête. Comprendre et rendre explicite ces situations est le plus souvent un facteur de déblocage rapide et fort.

• Les évolutions du contrat invisible®

On distingue trois types de changements influant sur le contrat invisible®.

Changement de type I : **Changement d'habitudes sans modification du contrat invisible®** Il faut s'adapter à des nouvelles façons de faire mais aucune ne vient bousculer les satisfactions du contrat. **Changement de type II : Modification du contrat invisible®** Il faut s'adapter à des nouvelles façons de faire mais elles vont sérieusement atteindre les satisfactions clefs« achetées » dans le contrat invisible®. **Changement de type III : Destruction du contrat invisible®** Le changement détruit les satisfactions dominantes. ; c'est un bonheur perdu.

Les exemples ci-après montrent qu'un même changement (Mise en place d'un ERP, réduction de coûts et « transversalisation ») sera vécu de façon radicalement différente par l'entreprise selon son contrat invisible®.

• Les contrats invisibles® de trois entreprises et l'impact du changement

■ *Cas n° 1 - Le contrat invisible® des sociétés de « Prestige social »*

L'entreprise

Ces entreprises sont souvent leaders de leur secteur et elles ont la plupart du temps développé ce leadership grâce à la sélection et à la promotion de talents issus des meilleurs centres universitaires.

Elles ont développé, petit à petit, une réputation d'excellence particulièrement bien médiatisée auprès des institutions universitaires au sein desquelles elles se fournissent en talents. Le soin donné au recrutement est au moins aussi important que l'attention donné au client.

Elles ont ainsi cultivé une image qui fait d'elles « une école prestigieuse après l'école prestigieuse » et sont parvenues à donner à ceux qui rentrent dans ces entreprises le sentiment de faire partie d'une élite.

Ce sentiment d'excellence ne se limite pas au champ professionnel, mais il pénètre aussi le champ social. Ces entreprises ont créé ainsi une forme d'aristocratie et confèrent donc à leurs membres un statut social reconnu et éternel.

Le contrat invisible®

Être un ancien de cette entreprise est un passeport pour la vie.

Il y a bien sûr une compétition pour rentrer dans cette aristocratie et un travail important pour mériter sans cesse le titre de noblesse qu'elle confère, car le seul fait de se sentir usurpateur de ce titre crée un mal-être personnel que la rumeur interne relait.

Dans les entreprises de ce type, chacun s'attache à réaliser des performances systématiquement au-dessus de ce qui est attendu, car être juste au standard n'est pas une image que l'on accepte pour soi-même. Le sentiment de performance collective en est naturellement renforcé créant ainsi un cercle vertueux de performance qui appelle la performance.

Dans ce système chacun s'attache aussi à défendre le prestige social de l'institution et à montrer à ses pairs qu'il en est digne.

Les petites combinaisons de territoires fréquentes dans d'autres entreprises sont bannies car considérées comme vulgaires. L'égoïsme n'y est pas moins fréquent qu'ailleurs, il y est juste plus subtil.

La présence active aux conventions annuelles dans des cadres prestigieux rassurent ou rappellent à chacun qu'il fait bien partie d'une élite, qu'il en jouit mais qu'il doit également s'en montrer digne. On donne beaucoup de soi dans ces entreprises et il arrive que l'on se demande un jour qui on est vraiment en dehors de ce cadre prestigieux.

Les quatre éléments du contrat invisible® : ce que disent les collaborateurs

Motivations principales

« Je me consacre entièrement et mets toute ma vie au service de l'entreprise, je me coule dans le moule social qu'elle secrète, en contrepartie d'un statut, d'une reconnaissance élevée.»

Comportements

« Je recherche l'excellence et la possibilité d'exprimer mon intelligence sociale. La modestie ne m'intéresse pas ».

Garants

Mon chef (il mesure mon excellence).
Mes pairs (ils mesurent ma sociabilité).

Temps forts

L'évaluation annuelle (valider l'excellence).
La « grand messe » dans un hôtel de luxe (montrer l'excellence sociale).

Changement de type I : Nouvelles habitudes sans modification du contrat invisible®

La mise en place d'un ERP
L'ERP renforce le sentiment d'excellence.
Le mettre en place vite est une démonstration
de notre excellence personnelle et collective.
L'important : « faire de l'ERP un projet d'excellence »

Changement de type II : Modification du contrat invisible®

La réduction des coûts
La réduction des coûts est perçue comme un aveu de perte d'excellence.
L'important : bien mettre en évidence que la réduction des coûts
est une démarche positive d'adaptation, pas la conséquence d'une détérioration.

Changement de type III : Destruction du contrat invisible®

Copier les concurrents
Le sentiment d'excellence disparaît :
« Sommes-nous donc devenus banals ? »
La transformation aboutit à une banalisation et à une perte du sentiment de supériorité.
L'important : ne jamais se positionner en suiveur.

Cas n° 2 – Le contrat invisible® des « sociétés de territoire »

L'entreprise

Ces entreprises ont acquis leur succès par la conviction de la supériorité de l'unité indépendante. C'est souvent le cas lorsque la multiplicité des territoires à couvrir impose une approche très décentralisée ou bien que la période en cours fait suite à une période de forte conquête où chaque unité a dû agir de façon autonome pour développer ses clients.

Cette logique d'autonomie et de forte décentralisation, dont les mérites n'ont pas à être contestés, a parfois pu dériver vers son extrême : une logique de territoire qui s'apparente à un féodalisme en cascade.

Le contrat invisible®

Chaque responsable d'unité comprend qu'il est mesuré quasi exclusivement sur la réalisation d'objectifs très simples, souvent la rentabilité de son unité ; et que tant que ses résultats sont atteints, son autonomie locale sera incontestée.

En compétition avec les responsables des autres unités, il peut même se développer un sentiment pervers de « eux et nous » où l'ennemi se trouve à l'intérieur de l'entreprise. La loyauté interne devient dès lors une règle sacrée de promotion et le travail transversal une faute, voire une trahison.

Ce comportement de baronnie suscite l'allégeance des subordonnés qui se comportent à leur tour comme leur chef et érigent des murs autour du domaine de responsabilité qui leur est confié.

Ainsi la logique de territoire se transmet en cascade du haut en bas de la hiérarchie. Tant que la logique de division du travail est plus efficace que la logique de transversalité, l'entreprise prospère et conserve ce contrat invisible®.

Vient le jour où l'optimisation locale ne permet plus d'aborder les marchés ou de saisir des opportunités que l'évolution de l'environnement demande. Soit parce que la compétence requise ne se trouve pas sans réunir les compétences de diverses unités, soit encore parce que la taille des affaires traitées interdit une approche locale.

Transversaliser une entreprise où la décentralisation est devenue territorialité est difficile. Il faut trouver un tout autre contrat invisible® et faire émerger des motivations et éléments de fierté qui se superposent à celles du territoire.

Les quatre éléments du contrat invisible® : ce que disent les collaborateurs

Motivations principales

« Je montre que j'ai les capacités d'un dirigeant complet autonome
pour pouvoir atteindre le niveau
où me sera confié un territoire où je serai patron responsable
de la seule atteinte des objectifs. »

Comportements

Féodalisme, protection du territoire. Peu de transversalité.

Garants

Mon chef (sa confiance).
Mes pairs (ils se comportent comme moi).
Mes subordonnés (inféodés et loyaux).

Temps forts

La parution des résultats (montrer qu'ils sont bien là).
La résistance à l'ennemi « intérieur ».
Les cérémonies de « ici c'est chez moi ».

Les transformations faciles ou difficiles des sociétés de territoire

Changement de type I : Nouvelles habitudes sans modification du contrat invisible®

Copier les concurrents
La nécessité de compétitivité s'impose, peu importe la manière.
« C'est du business, c'est normal. »
« Si les concurrents ont des bonnes idées, ne nous gênons pas. »
L'important : Faire du profit un défi.

Changement de type II : Modification du contrat invisible®

La mise en place d'un ERP
Le sentiment de perte d'autonomie vient en premier.
« Ce système d'information va permettre au Corporate de voir chez nous,
de quoi se mêlent-ils ? »
L'important : clarifier les règles du jeu autour de l'ERP.

Changement de type III : Destruction du contrat invisible®

La transversalisation (par exemple de compétences)
La transversalité est perçue comme la fin de l'autonomie de gestion
et la raison d'être du dirigeant local.
L'important : mettre en évidence que la transversalité peut renforcer le succès local.

■ *Cas n° 3 : Le contrat invisible®* *des sociétés « de soldats dévoués »*

L'entreprise

Ces entreprises ont en commun d'avoir créé un sens du collectif élevé, pour le meilleur et pour le pire.
La valeur maîtresse que ces sociétés secrètent est que l'individu trouve sa satisfaction professionnelle dans l'appartenance à un collectif, dont il doit être extrêmement respectueux.
Dans ces sociétés, le consensus est une religion et le conflit est extrêmement mal vécu. Il résulte de ce contrat invisible® une force remarquable lorsque le collectif est « ensemble » : les projets se déroulent et rien ne peut les arrêter.
En revanche, l'entreprise est très mal à l'aise pour prendre des décisions qui pourraient fâcher une partie du corps social et trouve ainsi mille manières de reporter la décision à demain.

Le contrat invisible®

Ce sont des entreprises qui ont dû faire face à des progrès de productivité gigantesques, condition sine qua non de leur survie, et ont ainsi engagé des projets où chacun se fondait dans un collectif et se mettait au service de la survie de l'entreprise. Un contrat invisible® de « Soldat dévoué » s'est progressivement formé, chacun participant à l'œuvre salvatrice dans une ambiance de camaraderie et de reconnaissance .Il est difficile à ces sociétés de promouvoir l'initiative tant le pli du collectif a été pris.

Les quatre éléments du contrat invisible® : ce que disent les collaborateurs

Motivations principales

« Je me fonds dans les objectifs et dans la méthode prescrite pour y parvenir, j'abandonne mon initiative personnelle au profit du collectif et je reçois protection et reconnaissance de la hiérarchie. »

Comportements

Obédience, dévotion, sens du collectif.
Peu de prise de risque.

Garants

Mon chef (sa reconnaissance).
Le chef de mon chef (il me connaît).
Mes pairs (ils sont mes compagnons).

Temps forts

Le tête-à-tête avec mon chef ou mieux encore, avec le chef de mon chef.
La présentation d'un projet.
Le rattrapage « héroïque » d'un projet qui a dérapé.

Les transformations faciles ou difficiles des sociétés de soldats dévoués

Changement de Type I : Nouvelles habitudes sans changement de contrat invisible®

La mise en place d'un ERP
Le progrès est une seconde nature.
« Formidable ! Une montagne à gravir ensemble. »
L'important : faire du projet un défi.

Changement de type II : modification du contrat invisible®

La mise en place d'objectifs individuels
Le sentiment de solitude va générer de l'inquiétude : « Avant, il y avait une vraie ambiance, maintenant on est des machines, chacun pour soi. »
L'important : Montrer que la performance personnelle ne s'oppose pas à l'efficacité collective, au contraire.

Changement de type III : Destruction du contrat invisible®

L'entrepreneuriat
« Ça veut dire quoi au juste être entrepreneur ? »
L'important : ne pas mélanger entrepreneuriat et sens de l'initiative, plus acceptable.

Deux cas spéciaux de contrats invisibles®

Contrat invisible® et fusions

Il y a une fatalité dans la fusion de deux entreprises : elle est toujours vécue comme un affrontement où il doit y avoir des perdants et des gagnants ; l'autre est toujours vu comme ayant gagné davantage.
Il y a sans doute plus de ressenti que de réalité objective derrière ce constat mais c'est précisément ce qui va créer une période plus ou moins longue de perte de motivation à un moment où, au contraire, il faut pouvoir compter sur un regain de motivation.
Ce ressenti vient du fait que dans une fusion, il est à peu près certain que les deux contrats invisibles vont être détruits. En effet, le contrat invisible® est basé sur une entente tacite et un équilibre fragile d'acteurs et de rites. Le seul fait qu'ils puissent être remis en question par la fusion suffit à les détruire. On ne peut que constater que l'on s'intéressera de nouveau beaucoup plus au contrat **visible** sûr et garanti qu'au contrat **invisible®** hypothétique et évanescent. C'est l'histoire qui rend le contrat invisible® crédible ; si cette histoire est arrêtée parce qu'elle cesse d'être une référence pour le futur, elle n'existe plus pour donner corps au contrat invisible®.

Dès lors, il faut reconstruire un nouveau contrat invisible®, pour éviter que celui qui va s'élaborer ne soit qu'un pis aller.

Donner des lunettes pour comprendre le monde au travers des yeux de l'autre est un pas essentiel et la compréhension des deux contrats invisibles ainsi que la mesure de leur « distance » permet de faire ce premier pas.

■ *Contrat invisible® et décloisonnement*

Il est fréquent, particulièrement dans les grands groupes de constater que l'entreprise travaille trop en « silos », en « vertical », voire en « baronnies ». Et tout autant de voir le management lancer des mots d'ordre de « transversalisation ! » de « décloisonnement ! » ou de « coopération ! »

Concernant le décloisonnement, si ce mot d'ordre se limite à des déclarations, le seul changement réel c'est que tout le monde en parlera beaucoup et ne fait à peu près rien de concret et de substantiel.

Le décloisonnement est en fait une chose très complexe à mettre en œuvre. Aborder le sujet au travers du prisme du contrat invisible®, permet de comprendre et de trouver quelques pistes de solutions.

Il y a sûrement de bonnes raisons inscrites dans le contrat invisible® pour que l'entreprise ne fonctionne pas sur un modèle horizontal.

Une raison classique est que la volonté de conquête des marchés a amené l'entreprise à donner une relative autonomie à ses conquérants, particulièrement dans sa phase de forte croissance. Cette volonté a fait du conquérant un héros qui n'avait pas grand besoin de ses pairs pour réussir sa conquête.

Auréolé de la reconnaissance que l'entreprise lui a donnée pour ses réussites, il a fait bon nombre d'émules qui ont rapidement conclu que découvrir des terres inconnues était le plus court chemin vers le sommet.

Parler de transversalité ou de coopération à ces conquistadors est aussi efficace que dire à un chercheur d'or de faire un rapport de découverte tous les soirs. S'il faut en parler, « Paris vaut bien une messe », soit, mais pas plus.

Casser ce modèle de succès sans casser le succès qui va avec, demande de créer des motivations supplémentaires (et non des procédures disciplinaires) pour que l'appétit de coopération prenne le dessus. Dans une société de conquête, conquérir ensemble un grand territoire que l'on n'aurait jamais pu conquérir seul est une bonne piste à suivre.

Les schémas d'incitation financière ne sont pas les plus efficaces ; ils ne peuvent venir qu'en appui à des solutions qui créent une dynamique de décloisonnement. En effet, ils n'initient que très rarement ces dynamiques car le bonus marginal est insuffisant pour dire adieu à une satisfaction professionnelle qui se place ailleurs.

Partie IV

En avant :
conseils de prudence
et incitation à l'action

9.
Les cas difficiles

Bâtir la confiance peut-il se faire dans n'importe quel organisme, dans n'importe quel groupe humain, dans n'importe quelle structure ?

Il y a des organisations qui sont fondamentalement réfractaires à la confiance, et chercher à la bâtir sera plus compliqué qu'ailleurs.

Les dix situations que nous abordons ci-après sont autant d'exemples où la confiance est très difficile à construire. Si une organisation a plus de deux ou trois des caractéristiques citées plus loin, il y a une action à mener avant de construire la confiance.

Quand le chef n'aime pas les autres

La confiance est le prolongement du dirigeant, c'est son credo et sa manière d'agir. Même s'il n'est pas habile à la créer il a à sa disposition des outils de progrès. Cependant il doit y croire !

Il y a des dirigeants qui n'aiment pas les autres.

Pour eux, il y a toujours un ennemi, une embuscade, ou un complot en préparation.

Les réunions qu'ils (ou elles) animent transpirent le non-dit, l'arrière pensée, la fermeture. Chaque collaborateur sait qu'il y a des chausses trappes, et si ce n'est aujourd'hui ce sera demain. Toute leur énergie va être utilisée pour se protéger.
Le mot confiance est prononcé mais ne trompe personne ; il s'agit plutôt de soumission et de loyauté aveugle.

« Je vous fais confiance » sonne comme le baiser de la mort.

Si des grands dirigeants ont réussi momentanément à mener leur entreprise au succès dans cette ambiance, il n'y a aucun d'exemple de durabilité de la performance avec de telles pratiques.

Peut-on construire la confiance malgré un chef défiant ? Non. Il faut changer le chef, il n'y a pas d'alternative.

Le chef peut-il changer en profondeur son comportement ? Paul de Tarse est devenu Saint-Paul, mais ça n'arrive pas tous les jours.

C'est aux administrateurs de faire leur travail.

Quand les barons protègent le chef de la « naïveté de faire confiance »

Il n'y a pas que le chef qui peut barrer la route de la confiance. Il y a aussi sa garde rapprochée. Les « barons » qui protègent le chef contre lui-même et contre sa naïveté humaniste. (Figurez-vous qu'il veut faire confiance aux autres, où allons-nous ?).
Situation classique pour un dirigeant nouvellement nommé, et qui arrive dans un système où ces « barons » sont biens installés,

particulièrement dans leurs certitudes, et plus encore dans leur terreur (incapacité ?) d'avoir à manager autrement.

Ils sont le plus souvent en concurrence entre eux, et pourtant ils vont saisir l'occasion de faire une union sacrée contre leur chef, sûrs de bien agir en le protégeant contre lui-même.

Les formules qu'ils utilisent sont assez parlantes : « dérive de cogestion » (parce que le chef va demander l'avis aux troupes), « ouverture des états généraux » (probablement par envie que le destin du chef soit identique à celui du roi français qui a eu cette idée).

Construire la confiance malgré les barons ? C'est possible, mais il faut alors que le dirigeant s'appuie sur le niveau hiérarchique d'en dessous, tout en poussant les barons à passer le cap personnel dont ils ont peut-être envie *in fine*.

Il faut en outre que les administrateurs marchent avec le dirigeant.

• Quand c'est « Machiavel qui a raison »

Dans certaines organisations il y a une culture selon laquelle l'homme est fourbe par essence et seuls les imbéciles ou les naïfs peuvent croire le contraire.

« Machiavel a raison » est un credo collectivement partagé dont la perversion est de faire croire que pour monter dans la hiérarchie, il faut se comporter en bon disciple de Machiavel : plus fourbe que moi tu meurs.

Le croc en jambe est le sport local. Parfois, l'état de déliquescence est tel qu'un subordonné va admirer la manière dont son chef, plus roublard que lui, a su le mettre en difficulté.

Les lettres de noblesse s'acquièrent par la manipulation, la ruse, la discrimination. Dans ce monde, on se protège ou l'on se durcit.

Construire la confiance dans une telle organisation, pourquoi pas dira-t-on, seulement si elle permet de manipuler encore mieux les autres !

Rien n'est impossible, mais il faudra d'abord passer par une époque de décontamination.

Quand il est admis que rien ne changera jamais

D'innombrables projets de transformation ont déjà été lancés ; ils se sont perdus dans les sables. Il y a tant de promesses qui n'ont jamais été tenues que l'on ne croit plus à rien. On a confiance en rien, et surtout pas dans la confiance. Le *statu quo* est le bon pari ; ceux qui osent espérer que le changement reste possible prennent le double risque de devoir faire plus d'efforts que les autres et de subir les railleries des sceptiques lorsque le changement a échoué.

La paralysie appelle la paralysie et pour une partie de l'organisation, elle est un art de vivre que l'on finit par défendre.

Quand l'organisation devient à ce niveau de non-énergie, il n'est pas possible de commencer par lancer un travail sur la confiance.

Il faut d'abord mettre l'organisation sous une tension de résultats en liaison avec des impératifs économiques externes. C'est un électrochoc nécessaire pour que ceux qui ne veulent pas bouger se sentent menacés. Le drame : quand ce type d'organisation n'a même pas de défis externes crédibles à se mettre sous la dent. Mais dans ce cas à quoi sert-elle ?

Quand « l'ennemi doit mourir »

Les conflits au sein des organisations, ou entre plusieurs organisations, sont aussi vieux que les organisations elles-mêmes.
On peut même parier sans grands risques qu'ils dureront autant qu'elles. Le conflit fait partie des relations entre les hommes et il peut être moteur de progrès. Il n'est pas contradictoire avec la confiance. Ce qui l'est, c'est de ne pas utiliser les conflits pour renforcer la confiance ; et en tout cas de les laisser pourrir.
Le cercle vicieux de la défiance dans une organisation a pu désamorcer toutes les tentatives de résolution de conflit, ce qui n'a fait qu'accroître la défiance. Les passions les plus sauvages ont eu tout l'espace nécessaire pour se développer et créer une contamination nocive. Des hommes se sont dressés les uns contre les autres, entraînant dans leur sillage des clans voir des gangs dont l'essentiel de l'énergie est tournée vers la destruction de l'autre. Et puis, progressivement, on a laissé l'irréversible s'installer. La règle non écrite est que seule la destruction de l'ennemi est une solution acceptable. Des pseudo-valeurs d'honneur ont parachevé l'œuvre et interdit toute possibilité de compromis. La guerre appelle la guerre. Chercher à bâtir la confiance dans un tel environnement relève de l'exploit, mais il est possible : en créant des micro-expériences où la coopération entre ennemis est facile et extrêmement bénéfique pour les deux ; puis recommencer jusqu'à ce que la destruction de l'ennemi ne soit plus le seul référentiel.

Quand les bénéfices ne profitent qu'à un petit nombre

La confiance n'est pas une fin en soi, c'est le résultat qui compte. Dans l'entreprise, c'est le résultat économique, même si chacun sait bien que ce n'est pas le seul, la satisfaction des hommes et femmes au travail, celle des clients celle de la préservation de l'environnement, sont d'autres formes de résultat qui concourent au succès global de l'entreprise.

Mais comment penser que la confiance peut se mettre en marche si le résultat économique ne profite qu'à un camp ? Il n'y aura jamais de confiance si les bénéfices n'en sont pas lisibles et suffisamment bien repartis pour avoir confiance dans la confiance. Les sociétés dont la création de richesse ne profite qu'a un nombre restreint n'ont aucune chance par la confiance. Il faudra trouver autre chose. Le discours ou les intentions de bâtir la confiance seront immédiatement perçus comme une manipulation et absolument rien ne se passera en dehors de grand messes et d'incantation qui pourront, dans le meilleur des cas, donner lieu à des bons mots à la cantine.

Quand la gouvernance devient « bananière »

Il existe des structures dans lesquels chacun estime être le chef et s'autodétermine : on vient ou on ne vient pas, on enseigne ou on n'enseigne pas, on recherche ou on ne recherche pas ; on ne se sent comptable de l'affectation de son temps, de l'importance de ses efforts, de la nature de ses actions que devant soi-même. Unique juge de sa propre conduite, on gère sa vie au mieux de ses seuls intérêts et l'idée même d'une quelconque responsabilité collective, au sein d'un tel système, a déserté la conscience de chacun des acteurs. Naturellement dans une organisation de ce type, évoquer l'utilité de la confiance risque fort de faire rire !

Quand « la partie se joue en dehors de la table »

Le lien entre les hommes et les femmes de l'organisation passe par l'extérieur : Les intérêts et les mobiles de chacun ne se situent pas seulement dans l'organisation mais au-delà de l'organisation.

Il y a des réseaux qui obéissent à des règles différentes. La partie se joue avec des joueurs invisibles et pourtant connus. Toute règle édictée dans l'entreprise peut se heurter à des règles de réseaux extérieurs : les nominations, les promotions se font autant ou plus à l'extérieur de l'entreprise qu'en son sein. Les règles du jeu sont non écrites et pourtant si bien connues. La valorisation des hommes et des équipes commande d'observer des comportements qui sont sans rapport avec ceux nécessaires au succès de l'organisation. C'est le cas chaque fois que l'appartenance à des réseaux politiques, des obédiences religieuses, maçonniques ou autres devient dominante. Lorsque ces credo humains, sûrement bien intentionnés initialement, ne sont plus des moteurs d'aspiration personnelle mais deviennent des circuits de pouvoir et des méthodes de mainmise sur le fonctionnement occulte de l'entreprise, alors la parole ne vaut plus grand-chose. Les règles du jeu sont pipées et la valorisation des hommes devient plus que discutable, bref la confiance est sans oxygène.

Quand l'organisation est une Tour de Babel

La diversité des cultures des nationalités est une richesse, c'est une réalité et de toute façon ça fait bien de le dire. Pour que cette diversité devienne une véritable richesse il faut beaucoup d'énergie de volonté et de constance. Une des raisons est précisément que les systèmes de confiance ne sont pas les mêmes dans toutes les cultures et que les canaux de transmission de la confiance sont infiniment plus réduits dans un système où les gens se comprennent mal. Dans ces environnements « tour de Babel » où de nombreuses nationalités sont représentées, en général pour une bonne cause multinationale ou mondiale, il est particulièrement difficile de créer un climat de confiance. Les nationalismes reprennent le dessus car ils sont *in fine* le seul garant de la sécurité dont chacun a besoin, faute d'un système de confiance plus global. Rien n'est inéluctable mais la première des conditions est que les finalités de ces institutions puissent largement dominer les inquiétudes nationales et servir pour donner à chacun du sens et l'envie de surmonter les différences nationales. Dans certains cas, ces finalités ne servent plus à rien. On peut se demander si ces institutions ont toujours vraiment besoin d'exister.

Quand l'entreprise fonctionne comme une mafia

La mafia est un bel exemple pour comprendre toute la différence qu'il y a entre la loyauté et la confiance : la mafia exige de ses membres une loyauté sans limites, la sanction de ne pas observer cette loyauté étant parfaitement claire et connue de tous. On pourrait dire de ce point de vue que la clarté des règles du jeu interne procure

à la mafia des apparences d'une société de confiance ! On laissera sur ce sujet le lecteur conclure de lui-même.
La loyauté n'est pas la confiance. Les organisations exigent toujours une forme de loyauté et on voit mal que l'on puisse construire un collectif sans une loyauté bien vécue.

Mais il faut se poser des questions sur la pénalité qui sanctionne la déloyauté et regarder les moyens de pression réels qui sont exercés pour obtenir cette loyauté. Si l'on sent qu'elle ne peut être discutée sans pénalité élevée, c'est qu'Al Capone rôde quelque part.

Al Capone n'avait aucune intention de créer une société de confiance. Juste d'extrême loyauté pour des bénéfices évidents pour lui et sa bande.

Conclusion
Incitation à l'action

Dans tous les champs de notre société, se sont ouverts de grands chantiers de transformation. Pour avoir trop longtemps différé la modernisation des multiples systèmes qui structurent notre vie collective et qu'imposaient depuis longtemps les considérables mutations du monde, nous voici contraints de repenser en urgence les modes d'organisation et de fonctionnement de nos systèmes d'éducation, de santé, de défense, de justice, de sécurité, de solidarité et, bien sûr, l'Administration, l'organisation administrative du territoire, les entreprises et le syndicalisme sont également touchés par ce gigantesque et global *aggiornamento*. Sans confiance entre les acteurs concernés par ces bouleversements colossaux, aucune chance que cela se passe bien et surtout, peu de chance que cela se passe. C'est dire combien la restauration de la confiance n'est plus un choix ou une élégance de responsable humaniste mais une ardente nécessité.

Les deux auteurs ont pu déjà mesurer, à travers la France entière, combien est vive, en région, cette prise de conscience. Ce thème de l'indispensable restauration de la confiance au sein de nos organisations y est d'autant mieux reçu, à l'occasion de multiples interventions de conseil ou de conférences qu'entreprises, collectivités locales, universités, Missions Locales, antennes Pôle Emploi, bassins de vie, professions… se sont, par centaines, déjà mis en route dans ce sens pour ne pas subir passivement, chacun dans son domaine, les conséquences de la tempête économique. Aucun doute pour qui y s'évade de Paris et parcourt les régions à la rencontre de ceux qui détiennent des responsabilités de développement, se sont accrus, en quelques mois, le dynamisme collectif et l'envie d'imaginer ensemble des solutions innovantes pour que la société française dépasse ses contradictions et ses blocages à l'occasion du passage d'un cap difficile. Et puis à chaque fois, il y a le retour à Paris, l'implacable dictature de la sinistrose officielle, celle, envahissante, de ceux qui font l'opinion, celle, plus discrète mais plus insidieuse, des dîners en ville, celle, mortifère, de décideurs publics ou privés, souvent élevés hors-sol, qui continuent à croire que les organisations sont restées pyramidales, qu'elles se pilotent du sommet à partir de la capitale et qui ne font que centraliser la peur. Les entreprises, heureusement, échappent pour la plupart à ce triste syndrome parisien.

Le surgissement de ces dynamismes territoriaux sont de purs miracles tant est puissante la conjonction de notre relative incapacité à œuvrer ensemble (le « syndrome d'Astérix » qui pousse les universitaires à mépriser des chefs d'entreprise censés aliéner le petit peuple, ce même syndrome qui suscite un mépris parallèle chez des patrons enclins à ne voir dans les universitaires que de ridicules barbus gauchistes, ce syndrome enfin qui assure un tir groupé de tous sur les fonctionnaires, profiteurs protégés, fainéants financés à perte par nos impôts), et de la stupide vision hémiplégique de la droite et de la gauche – l'un des camps détiendrait la vérité aux dépens de l'autre alors que chacun sait que l'une et l'autre école politique dispose d'une moitié de celle-ci et que seule la dialectique entre ces deux moitiés peut, avec un peu de chance, produire un peu plus de bien commun pour les citoyens.

La batterie d'outils qu'a proposée ce livre n'est pas le produit de réflexions en chambre mais le résultat d'initiatives nombreuses réalisées, le plus souvent en région, au sein d'organisations privées ou publiques, ayant ou non une vocation productive et dans des champs d'action extrêmement divers. Malgré les effets délétères de la crise, malgré ce sentiment dorénavant omniprésent qu'aucun dirigeant ne maîtrise les causes des événements qui peuvent impacter une économie de plus en plus sensible aux « effets papillons », malgré le constat que l'économie française n'est plus en phase avec le marché mondial, que notre machine à créer de l'emploi s'est enrayée et que l'économie financière est retombée dans les ornières de ses vilaines habitudes, on retrouve en région, par centaines, par milliers, des acteurs ardents, mobilisés collectivement autour de projets de développement, souvent en bénévoles, pour créer ici des activités nouvelles, là pour fortifier des établissements d'éducation, ici encore, pour promouvoir la dimension culturelle d'un territoire, là enfin pour redonner vie à un quartier en déshérence ou pour relancer une entreprise en danger de mort.

La confiance est passée par là : cette relation à l'autre qui m'amène à considérer que je le connais suffisamment pour accepter de courir avec lui un risque, de vivre une aventure, d'affronter un danger avec une bonne chance d'en sortir gagnant. C'est dans cette riche dynamique que ces « outils pour l'action » se sont inventés, forgés, et que leur efficacité et leurs résultats ont permis qu'ils soient validés. Il est fascinant d'observer le nombre d'acteurs qui, aujourd'hui, en France, parviennent à s'affranchir de pratiques traditionnelles qui, lors de la crise, ont montré leurs limites. Cette France-là innove parce qu'elle a découvert que tout ce qui n'est pas formellement interdit est permis ; et comme on n'a pas pu encore tout interdire, il existe d'énormes champs de liberté que les citoyens peuvent investir ensemble sans demander la permission à quiconque. C'est vrai dans les entreprises, dans les collectivités territoriales, dans le système éducatif, dans le monde associatif, dans le domaine de la santé, de la sécurité, de l'intégration, de la ville, des transports et bien sûr de l'art. Et au cœur de cette gigantesque zone de liberté à investir, il y a la redécouverte de la force collective que donne la confiance partagée.

Maurice Thévenet décrit volontiers l'évolution d'une crise en lui reconnaissant cinq phases successives :

- d'abord la phase du **déni** : l'affaire des *subprimes* vient d'éclater aux États-Unis, Lehmann Brothers s'effondre ; c'est la panique mais pas plus que le nuage de Tchernobyl ne pouvait franchir nos frontières, nous refusons que tout ceci puisse nous concerner ;
- puis vient la phase du **bouc émissaire** : « c'est encore un coup de ces salauds de banquiers ; non contents de jouer avec notre fric, ils l'ont perdu » ;
- voici venir la phase de **tétanisation** : plus personne n'y comprend plus rien ; les dirigeants du monde parlent en milliards de milliards, l'unité de compte devient le Kerviel (4 milliards d'euros) ; tout nous dépasse ;
- surgit la phase de la **révolte** (on défile, on proteste, on prend des dirigeants en otages...)
- enfin, survient la **renaissance** : et si on essayait de reconstruire autrement ?

Manifestement, pour nombre d'acteurs, c'est à cette cinquième phase que nous sommes parvenus : la bataille pour la restauration de la confiance a bel et bien commencée et les outils pragmatiques que propose ce livre peuvent contribuer à en rendre l'issue heureuse.

Dans son acception occidentale, le mot « crise » peut être trompeur : il peut nous laisser croire que nous serions en train de vivre un simple trou d'air et que demain nous pourrions retrouver, pour y poursuivre nos vies et nos pratiques d'avant, nos chemins d'hier. Mais si notre seule espérance c'est le *statu quo ante*, nous devons savoir qu'en continuant à faire ce que nous avons toujours fait nous sommes assurés d'avoir ce que nous avons toujours eu : donc la prochaine crise serait dorénavant certaine et encore plus catastrophique.

Heureusement, toutes ces innovantes approche repérées en région et tous les outils rappelés dans ce livre ont en commun de favoriser un appétit de « reliance » en vue de lutter contre la « déliaison » ambiante et de « jeter le jetable », pour reprendre les mots d'Edgar Morin, de « retrouver le sens et la force du *nous* au royaume morcelé du *moi-je* » selon l'expression de Régis Debray, et surtout d'aider la société à découvrir que ces nouvelles pratiques peuvent lui permettre d'accroître considérablement, via des solidarités fortifiées, son Bonheur National Brut.

« Là où croît le péril, croît aussi ce qui sauve » écrivait le poète allemand Hölderlin. À nous de faire en sorte que ces innovations modestes mais concrètes, en se généralisant, fertilisent nos pratiques collectives et favorisent l'émergence d'un monde plus solidaire et donc plus vivable.

Achevé d'imprimer
sur les presses de la Nouvelle Imprimerie Laballery
58500 Clamecy
Numéro d'impression : 004126

Imprimé en France